BULLYING

CLAUDIO RAMIREZ

BULLYING
Eu sobrevivi!

Editora
IDÉIAS &
LETRAS

DIRETOR EDITORIAL:
Marcelo C. Araújo

COORDENAÇÃO EDITORIAL:
Ana Lúcia de Castro Leite

COPIDESQUE:
Leila Cristina Dinis Fernandes

REVISÃO:
Danilo Ricardo de Oliveira
Paola Goussain de S. Lima

DIAGRAMAÇÃO:
Simone Godoy

CAPA:
Erasmo Ballot

© Todos os direitos reservados à Editora Idéias & Letras, 2011

EDITORA
IDÉIAS &
LETRAS

Editora Idéias & Letras
Rua Pe. Claro Monteiro, 342 – Centro
12570-000 Aparecida-SP
Tel. (12) 3104-2000 – Fax (12) 3104-2036
Televendas: 0800 16 00 04
vendas@ideiaseletras.com.br
www.ideiaseletras.com.br

Dados Internacionais de Catalogação na Publicação (CIP)
(Câmara Brasileira do Livro, SP, Brasil)

Ramirez, Claudio
Bullying: eu sobrevivi! / Claudio Ramirez. – Aparecida, SP:
Idéias & Letras, 2011.

ISBN 978-85-7698-109-1

1. Bullying 2. Conflito interpessoal
3. Discriminação 4. Preconceitos 5. Relações interpessoais 6. Violência
7. Vítimas de bullying – Autobiografia I. Título.

11-06386   CDD-158.2

Índices para catálogo sistemático:
1. Vítimas de bullying: Histórias de superação:
Psicologia 158.2

Dedico este livro à minha esposa, Terezinha, que, com carinho, amor e diálogo, deu novo sentido à minha vida: sem deixar de desempenhar, com maestria, seu papel de mãe, ela me ajudou a superar as barreiras impostas pelo *bullying* e esteve sempre ao meu lado, ressuscitando minha autoestima para que eu caminhasse rumo ao sucesso. Devido à minha limitação, recorro ao poeta francês do século XIX, Victor Hugo, para homenageá-la.

O Homem e a Mulher

O homem é a mais elevada das criaturas.
A mulher é o mais sublime dos ideais.
Deus fez para o homem um trono;
Para a mulher, um altar.

O trono exalta; o altar santifica.
O homem é o cérebro; a mulher, o coração, o amor.
A luz fecunda; o amor ressuscita.
O homem é o gênio; a mulher, o anjo.

O gênio é imensurável; o anjo indefinível.
A aspiração do homem é a suprema glória;
A aspiração da mulher, a virtude extrema.
A glória traduz grandeza; a virtude traduz divindade.

O homem tem a supremacia; a mulher, a preferência.
A supremacia representa força.
A preferência representa o direito.
O homem é forte pela razão; a mulher invencível
pelas lágrimas.

A razão convence; a lágrima comove.
O homem é capaz de todos os heroísmos;
A mulher, de todos os martírios.
O heroísmo enobrece; os martírios sublimam.
O homem é o código; a mulher, o evangelho.
O código corrige; o evangelho aperfeiçoa.
O homem é o templo; a mulher, um sacrário.
Ante o templo, nos descobrimos;
Ante o sacrário, ajoelhamo-nos.

O homem pensa; a mulher sonha.
Pensar é ter cérebro;
Sonhar é ter na fronte uma auréola.
O homem é um oceano; a mulher, um lago.
O oceano tem a pérola que embeleza;
O lago tem a poesia que deslumbra.
O homem é a águia que voa; a mulher, o rouxinol que canta.

Voar é dominar o espaço; cantar é conquistar a alma.
O homem tem um farol: a consciência;
A mulher tem uma estrela: a esperança.
O farol guia, a esperança salva.

Enfim...
O homem está colocado onde termina a terra;
A mulher onde começa o céu...

(*Victor Hugo*)

Nota do autor

"*Bullying* é um termo utilizado para descrever atos de violência física ou psicológica, intencionais e repetidos, praticados por um indivíduo (do inglês *bully*, "tiranete" ou "valentão") ou grupo de indivíduos com o objetivo de intimidar ou agredir outro indivíduo (ou grupo de indivíduos) incapaz(es) de se defender. Também existem as vítimas/agressoras, ou autores/alvos, que em determinados momentos cometem agressões, porém também são vítimas de assédio escolar pela turma."

(Fonte: http://pt.wikipedia.org/wiki/Bullying, 13/06/2010)

Sumário

Introdução 13
Meu hoje 17
O início 19
Escola, o fim da paz 25
Estrategista, eu? 33
Respeito pela força 37
Um estranho no ninho 41
Uma mudança 45
Meninos e Meninas 49
Brasil, uma nova realidade 51
Tudo se repete, novamente 55
Em terra de cegos... 65
O Diretor 71
Silêncio mortal 75
Faculdade 79
Resiliência 81
Meu grande AMOR 87
Mercado de trabalho para gagos 89
Descobrindo o valor da fé 97

Reagente e Reação	101
Comunicando	105
Vida, eu voltei!	111
Professor de elite	117
Mudanças à vista	121
Rádio Web	127
Um papel para cada um	131
Limites	135
Devemos comprar amor!	139
Vitória	143
Intencional ou não	147
Simples	149
Para lembrar conceitos e atitudes	153

Introdução

Numa quinta-feira de junho de 2010, minha esposa me alertou de que nosso filho menor havia se queixado, de forma muito chateada e chorosa, de algumas palavras que os companheiros de sala haviam usado contra ele.

Eu, como pai profundamente ofendido e como professor, usei, então, de todo o meu conhecimento e, em poucas linhas duras e formais, deixei bem claro para a professora que estava acompanhando de perto tal atrocidade, que classifiquei como BULLYING, escrito em letras maiúsculas, só para frisar meu conhecimento. Meu bilhete foi prontamente atendido pela professora, que tomou as devidas providências, de modo que eu, como pai, fiquei egoisticamente satisfeito.

Descobri, porém, depois de alguns dias de reflexão, que agi de forma inconsequente e covarde, pois apliquei o termo *bullying* de forma errada, afinal o que havia se passado com meu filho foi muito pontual e momentâneo. Descobri que havia usado de minha posição de pai e de meu conhecimento enquanto professor para pressionar a professora. Resumindo: agi como aqueles pais que, num excesso de protecionismo – gesto que tanto repudio quando estou na posição de professor –, não permitem que seus filhos amadureçam e solucionem seus próprios problemas apenas com acompanhamento e orientação.

Mas ninguém age incoerentemente: uma vez que toda reação é consequência de uma história de vida, pois todo sujeito, como você e eu, responde aos estímulos usando toda a carga de experiências e conhecimentos acumulados, minha coerência estava no fato de eu, por ser gago, ter sido alvo de *bullying* durante toda a minha vida. Minha história de vida havia provocado minha reação de projetar em meu filho minha história, evidentemente somada à proteção paterna e ao conhecimento profissional.

Há vários anos tenho contado, em meus cursos e palestras, minha experiência com o *bullying*. Porque sempre o fiz de forma bem-humorada, talvez tenha deixado uma impressão errônea de leveza para o problema, que em cada fase da vida toma forma e intensidade diferentes, que exigem respostas e superações também diferentes.

Neste livro, pretendo não só mostrar o sofrimento e os problemas de quem é alvejado pelo *bullying*, mas principalmente a superação, a criatividade, a resiliência, a força, a garra e (por que não?) a fé que deve ter o sujeito que deseja sobreviver a essa violência. Como dos arranhões ninguém escapa, eu, por exemplo, desenvolvi uma proteção através de uma memória seletiva que, de forma geral, não me permite lembrar detalhes, como nomes, datas e locais específicos de quando sofri *bullying*. Dessa forma, parece que minha mente alivia os ressentimentos e acentua as sensações e emoções que, palpitantes em mim, estimulam minhas superações.

Os estudos modernos têm a tendência de dividir os problemas em pequenos fragmentos para controlar os resultados. Tal medida, porém, implica no risco de se perder a visão do todo ao se discutir cada fragmento de forma isolada. Acredito que a soma dos fragmentos, quando falamos de *bullying*, dá ao termo um novo ponto de vista sob o qual olhar. Quero compartilhar com você, leitor, esse ponto de vista, mas devo advertir que, para isso, minha história poderá sair do campo dos estudos para adentrar no campo da vida de quem viveu, e vive até hoje, a superação de ser diferente. Quero mostrar que sobreviver ao *bullying* é possível.

Espero que minha experiência ajude professores, pais, estudiosos do *bullying* e, principalmente, quem é alvo, independentemente da idade ou do local onde é alvejado. Conhecer e estudar o assunto é responsabilidade de todos, para ajudar e/ou permitir ser ajudado, sobretudo porque quem sofre com o *bullying* geralmente não tem condições de se defender e nega ou esconde o fato, que quanto mais cedo detectado, maiores as chances de se curar as feridas invisíveis e de sobreviver, elevando-se a autoestima.

Meu hoje

Sou chileno, naturalizado brasileiro, filho de pais chilenos, descendentes de alemães, espanhóis e iugoslavos (Garate Petzold e Ramirez Martinovic). Moro no Brasil desde 1976, quando cursava a oitava série. Sou formado em Educação Física, pós-graduado em Gestão de Recursos Humanos e com uma infinidade de cursos, congressos e palestras em meu currículo. Sou professor e palestrante há mais de vinte e seis anos, principalmente em universidades, atuando nas áreas de gestão de desenvolvimento humano, liderança e comunicação. Principalmente, sou GAGO.

Para dar apoio e sentido à minha vida, conto com minha esposa já há mais de um quarto de século. Devo a ela grande parte de minha superação: temos quatro filhos, dois meninos e duas meninas. Parecemos e agimos como uma família normal; digo parecemos porque temos nossas loucuras, como todas as famílias. A união de todos de minha família e, principalmente, o diálogo que há entre nós nos têm proporcionado grandes alegrias e superações.

Decidi apresentar esse panorama geral sobre minha vida para mostrar que a normalidade permeia até hoje o meu cotidiano, mas este equilíbrio nem sempre foi assim: inúmeras vezes pensei por alguns instantes que não chegaria até aqui, que o fato de ser gago e as limitações que essa condição me impõe poderiam ter feito de mim uma vítima. Mas me neguei a desistir: fui sim – e ainda sou – alvo de *bullying*; mas vítima, não.

Permita-me contar minha história desde o início: ficaremos íntimos ao compartilhar uma vida, e espero que a alegria de minhas cicatrizes possa ajudá-lo (ou orientá-lo a ajudar alguém) a ressuscitar da morte provocada pelo *bullying*, pois esse tem sim o poder de matar a vida se você for vítima. Saiba, então, que sempre seremos alvo, mas ser vítima depende de nossa permissão; em outras palavras: a dor é inevitável, mas o sofrimento é opcional.

O início

1963: nascia em Santiago do Chile uma criança que, como todas as outras, tinha em suas mãos o poder de melhorar o mundo. Sou o segundo filho de um casal de classe média: ela, dona de casa; ele, professor técnico, quando ainda a figura do professor era altamente valorizada – acredito que seja dessa imagem que faço de meu pai que nasceu meu desejo e orgulho de ser professor. Num país extremamente frio, podíamos contar com um sistema de aquecimento e uma casa adaptada, elementos que ilustram bem uma família de classe média da época.

Não me lembro do fato com clareza, mas os sentidos me transportam ao calor dos braços de meu pai, antecedido do ranger, provocado pela sua aproximação, da madeira do assoalho. Mesmo hoje, quando quero sentir-me confortado e calmo, basta que eu feche os olhos para ouvir o ranger da madeira: acessar esse arquivo na memória tem sempre o mesmo resultado de plenitude. Um dia, porém, por volta dos meus quatro anos, meu choro noturno não provocou o ranger da madeira, nem me trouxe o calor dos braços de meu pai. Tudo, então, fazia sentido: a tensão familiar dos últimos dias tinha culminado na separação de meus pais – e devo lembrar que uma separação, naquela época, tinha um peso muito diferente do que tem hoje. Como consequência da separação, a madeira nunca mais rangeu, e eu, de alguma forma, aprendi precocemente a valorizar o casamento.

Em minhas palestras, costumo perguntar: "quem acredita que veio ao mundo para ser feliz?". Aguardo até que todos – ou, pelo menos, a maioria – ergam as mãos... Desfaço, então, esse engano: o primeiro desejo de todo ser humano é o de ser percebido; a felicidade apenas depende dessa percepção.

Até meus quatro anos, aproximadamente, minha linguagem tinha um desenvolvimento normal para a idade. Mas o vazio deixado pela separação de meus pais e a nova dinâmica do lar em reconstrução deixaram pouco espaço para que me percebessem. Não quero dizer que fui deixado de lado, mas o momento demandava outras prioridades; desse modo, não fugindo à regra de que nosso primeiro desejo é o de ser percebido, fiz, para conseguir atenção, algumas estripulias que terminaram em longos sermões e, algumas vezes, em palmadas no traseiro, que – acreditem! – para mim soavam como doces palavras e carinhos.

Aproveito para alertar pais e professores: muitas vezes o comportamento inadequado é resultante da falta de atenção. Portanto, antes de recriminar seus filhos ou alunos, tenham a coragem de se perguntar: "de quem é a culpa?". E, principalmente: "que atitude devo tomar para mudar a situação?". Um dia, conversando com um adulto desinformado e pouco comprometido com a vida – você conhece alguém assim? –, recebi a atenção que tanto procurava; essa troca de tímidas palavras entre uma criança e um adulto me levou a uma leve gaguejada, que foi prontamente valorizada com um grito que me apavorou e constrangeu: "O Claudinho está gaguejando, venham ouvir!". Eu não sabia nem o que era gaguejar, mas imaginei que deveria ser algo muito ruim e que merecia castigo, pois prontamente eu estava rodeado de adultos que, do alto, me olhavam como gigantes. Mas, para minha surpresa, as feições eram de simpatia e carinho, e todos pediam com insistência que eu repetisse algumas palavras, ainda que eu não soubesse seus significados. Não demorou muito para que eu, após repetir uma das palavras solicitadas, provocasse risos e carinhos acolhedores. Uau! Eu havia encontrado a galinha dos ovos de ouro! Bastava repetir algumas sílabas ou letras que, se possível acompanhadas de movimentos estranhos, todas as atenções seriam voltadas para mim.

Somos seres de costumes e hábitos: o fato de repetir a mesma coisa por algumas vezes logo se torna hábito e se fixa em nossas mentes, sendo aceito como verdade absoluta. Assim, quando se diz a uma criança que quem não come determinado alimento é feio, não a fazemos interessar-se pelo alimento, mas a se sentir feia; quando os pais não cumprem com algo prometido ou não dão atenção, a criança acredita que nunca poderá contar com eles e, depois de algum tempo, pode, por necessidade de atenção, adotar outras referências e outros hábitos, guiados por alguma figura que lhes tenha dado atenção. Não é necessário comentar os problemas e os riscos decorrentes dessa situação.

Como seres de hábitos, é muito fácil aprender e ensinar algo novo, mas muito difícil desaprender o que já foi fixado. Bastam alguns minutos sentados em determinado lugar para termos a clara sensação de propriedade: em minhas palestras e cursos, depois dos intervalos (quando há), as pessoas retornam às mesmas posições e, se alguém errou seu lugar, é prontamente advertido pelo "dono" do lugar.

Assim aconteceu comigo. Bastaram um pouco de atenção, um exemplo e um carinho, para que, em poucos dias, eu já fosse capaz de gaguejar de inúmeras formas diferentes, chamando, cada vez mais, a atenção dos inteligentes e superiores adultos, que se rendiam à minha manipulação infantil. O hábito, então, tornou-se real, mas apreciado por mim: alguns vazios eram, afinal, prontamente preenchidos e, secretamente, deixei de ser o segundo filho para ser o primeiro, pelo menos no quesito atenção; digo secretamente porque amo e sempre amei muito meu irmão, mas estava cansado de comer tudo de que ele gostava, de brincar do que ele gostava e de ter a vida de segundo filho. É claro que tudo isso ocorria apenas na minha percepção, talvez muito inconscientemente.

Então, veio a glória. Com a proximidade do período escolar – que no Chile começava mais cedo – e até para organizar melhor a vida da família, eu deveria ingressar na escola junto com meu irmão. Lembro-me de que essa escola ficava depois de uma praça cheia de folhas de outono e de que um frio cortante atravessava a touca de lã, com um enorme e ridículo pompom, feita por minha mãe. Narro segundo minha percepção e, portanto, talvez o pompom nem fosse tão grande e, muito menos, ridículo, pois minha mãe sempre tricotou muito bem. Com a iminência do período escolar, pela primeira vez os adultos se referiam à minha gagueira como um problema que deveria ser solucionado: eles queriam tirar-me a galinha dos ovos de ouro!

"Vamos lá, Claudinho, está na hora do psicólogo!" "Vamos lá, está na hora do fonoaudiólogo!" "Vamos a outro psicólogo!" E a rotina de atenção já estava formada. Compraram até um gravador de voz, de rolos enormes (uma modernidade!), para que eu continuasse o tratamento em casa, ouvindo a suave e chata voz do doutor que sequer me perguntou se eu queria deixar de gaguejar. Aliás, ninguém me perguntou se eu queria deixar de gaguejar: além de não querer perder a atenção, pois acreditava que se deixasse de gaguejar todos se desinteressariam por mim, havia ainda uma de minhas características mais fortes até hoje: a teimosia. Ao contrário do que se diz, a teimosia pode ser útil, depende apenas da forma como é usada: quando a empregamos de forma lúcida e com objetivos claros, chamamo-la *persistência*; quando o intuito é apenas contrariar ou manipular alguém, chamamo-la *birra*. Como qualquer criança, fiz birra: enquanto o doutor falava ou enquanto eu ouvia a fita em casa, pensava repetidamente "não quero, trá-lá-lá-lá...".

Descobri, assim, que não há nada que se possa ensinar a quem não quer aprender e, com o evidente fracasso do tratamento, o entusiasmo de minha mãe foi diminuindo e, convenientemente, ficamos com o seguinte diagnóstico de um psicólogo: "O pensamento do Claudinho é de tal forma acelerado e bom que simplesmente sua boca não consegue acompanhar sua iluminada mente!". Muito bom! Então eu era um gênio: bastaria aguardar alguns anos para que eu ficasse bom! Tudo ficou calmo e a paz reinou na minha vida; tudo se tornou habitual e deixou de ser questionado para ser simplesmente aceito – como, aliás, ocorre com todo hábito. Mas essa sensação de paz teria um fim próximo.

Escola, o fim da paz

Cheiro de novo: sapatos brilhantes; meias brancas; calça curta; terno e gravata; material na bolsa de couro que, cruzada no peito, insistia em bater doloridamente no meu joelho; um topete de brilhantina, ao melhor estilo Elvis, que parecia maior que o penteado de minha mãe (o que era impossível!). Alegria e expectativa até pôr o primeiro pé naquela praça, que parecia mover-se para cima de mim e balançar-se até me deixar com as pernas trêmulas, a ponto de eu pisar no cadarço do sapato, fato que minha mãe, com seus olhos de águia, detectou imediatamente e correspondeu com um olhar de reprovação. Imediatamente me agachei para reparar tal fatalidade, mas a alça da bolsa pulou sobre minha cabeça, arrastando como um trator a escultura do cabelo. Como naquela época o convívio familiar era intenso, bastava olharmos para nossas mães para saber exatamente o que queriam dizer: não levantei a cabeça, mas pude sentir os puxões, que tentavam restaurar a escultura, acompanhados da frase: "olha teu irmão, ele está impecável!".
Eu não sabia o que era *impecável*, mas, quando olhei para ele, suspeitei de que, de fato, estivesse impecável; quando ele me

olhou, levantei meu lábio superior, fazendo ar de "grande coisa". Com um balançar firme de braços e um suspiro de minha mãe, retomamos a caminhada.

Do meio da praça, avistavam-se o portão da escola e uma senhora que, provavelmente, seria a diretora ou alguma coordenadora recepcionando os alunos. Nesse momento, percebi que era possível sim ter um penteado maior que o de minha mãe. Parece-me, hoje, uma forma de mostrar hierarquia: quanto maior o penteado, maior o cargo. Fico pensando se minha mãe percebeu os olhos fixos que aquela senhora pôs em mim, criando um túnel cuja única saída me levava à sua direção. Aquela senhora sorria quando olhava para minha mãe, mas, quando olhava para baixo, em minha direção, o sorriso era prontamente substituído por um semblante calmo, com um olhar de quem analisa um esqueleto.

Minha mãe foi recepcionada com um simples "Senhora?...". Prontamente, com ar de aristocrata, minha mãe respondeu: "Ramirez". Não ouvi mais nada desde então, pois fiquei olhando para as outras crianças; mas um leve chacoalhão me interrompeu, pedindo que respondesse meu nome. "Claudio", falei. "Não completo!", retrucou a senhora. Fiquei tão nervoso que não consegui completar: sequer saberia descrever o olhar da tal senhora, mas, enquanto escrevo e recordo o momento, mesmo já tendo passado tantos anos, ainda sinto dificuldades de respirar e uma agulhada profunda no peito.

Desviando o olhar, aquela senhora olhou para minha mãe, como um médico antes de anunciar a morte de um parente próximo, e, para quebrar o gelo, perguntou o nome a meu irmão. Meu irmão respondeu timidamente, ao que minha mãe completou, contando que o nome dele era uma homenagem aos avôs paternos. Nunca perguntei à minha mãe a história exata de meu nome, talvez por medo de saber que não há história. De qualquer forma, inconscientemente, para reafirmar a importância que gostaria de dar ao meu próprio nome, eu o dei ao meu primeiro filho, seguido da palavra "Filho" – para não correr o risco de que fosse substituído por "Júnior". Para que meu filho caçula não sinta diferença, valorizo sempre a história de seu nome.

Todos nós temos direito ao erro: se você, como pai ou professor, errou ou está errando, não perca tempo se culpando, justificando ou tentando encontrar culpados – como a falta de tempo, a falta de dinheiro (ou quem sabe o excesso de dinheiro, usado para substituir a presença e o carinho com coisas materiais), o governo, os astros, a idade ou uma infinidade de outros argumentos que aliviam nossa consciência. Culpados e desculpas não resolvem a situação: sair dessa forma de proteção e partir para o diálogo e para a ação sempre têm bons resultados quando estamos dispostos a doar, receber e mudar, se for necessário. Mas lembre: "Ninguém tropeça em uma montanha!", tropeçamos nos pequenos detalhes, nos pedregulhos fáceis de superar, mas que às vezes negligenciamos, como se não existissem: um beijo, um abraço na hora certa, incentivo, coceguinhas no pescoço, café na cama e tantas outras coisas que deveriam ser valorizadas. Um filho que é valorizado e respeitado respeita os pais e luta para não decepcioná-los; um aluno que é valorizado não falta às aulas e se esforça sempre em aprender... Isso pode ser transportado para todos os ambientes: nosso primeiro desejo é, afinal, ser percebido.

Só para ilustrar melhor: um colega meu, no dia que soube que sua filha tinha ficado mocinha, saiu do seu trabalho, chegou à sua casa com um enorme ramalhete de rosas brancas e um cartão no qual agradecia a ela ser sua filha e exaltava as qualidades da mulher. Como você acredita que essa menina, agora mulher, vai lidar com sua sexualidade? Será que antes de dar um passo impensado, não se lembrará, mesmo que inconscientemente, do respeito e do carinho dos pais?

Em meu primeiro dia de aula, um misto de curiosidade e medo tomou conta de mim. Não sei como, mas de repente estava sentado na sala de aula; não me lembro da professora ou do professor que estava na sala, pois estava perdido, querendo observar para não ser observado. Enquanto todos falavam, eu preferia ouvir; dois meninos, então, decidiram perguntar meu nome, mas, para minha salvação, nesse justo momento o professor (ou professora) pediu silêncio e a sala congelou imediatamente, menos minhas orelhas, que ardiam, e meu coração, que batia no pescoço, empurrando meus olhos para fora da cavidade ocular. Já não conseguia ouvir e tinha dificuldades na respiração; olhei para os lados e, mesmo com a sala cheia, encontrava-me totalmente só e transparente.

Parece que mesmo após quarenta anos os professores ainda começam as aulas do mesmo jeito: em fileiras ou colunas, cada aluno se levanta e diz seu nome completo, completo, completinho, do princípio ao fim, de cabo a rabo. Treinava mentalmente todos os meus dois nomes e meus dois sobrenomes enquanto a avalanche chegava cada vez mais perto. O menino da minha frente levantou-se como uma muralha; e eu tinha esperança de que ele tivesse pelo menos quarenta nomes e outros tantos sobrenomes. Mas não, provavelmente foi o nome mais curto de todos. Enquanto ele se sentava, toda a água do meu corpo insistia em me afogar; num pulo, para me ver livre, disse meu nome tão rápido que não tenho certeza por qual comecei e nem com qual acabei. Como num filme de terror, a língua do professor se desenrolou na forma de chicote e perguntou: "poderia repetir para todos ouvirem?". Junto com essas palavras, todos (todos mesmo!) olharam. Eu poderia ter ficado mudo, mas tentei: "Claaauudio AAAleejandroo Garaaate Ramramramirezzz". O olhar do professor foi de pena, inclusive porque teve de pedir para que todos parassem de rir. Para ajudar, explicou com sabedoria catedrática que somos todos iguais, mas com características próprias, limitações, problemas, falhas, deficiências etc. Nesse momento eu já queria minha mãe! Enquanto as meninas de meus olhos flutuavam, para terminar o sacrifício ele culpou, então, toda a sala por me fazer sentir mal. Eu não queria piscar para não derramar minha vergonha em forma de lágrimas. Belo começo! Fiz o ridículo e provoquei a primeira repreensão coletiva.

Pensei que poderiam chamar minha mãe, mas parecia que meu mundo não interessava a ninguém: o professor continuou sua aula, o próximo se levantou com ar de felicidade por não ter problemas. Talvez ele pensasse ser superior a mim por não ser "defeituoso": foi isso, pelo menos, o que pude ler em seus olhos e no ar de "é assim que se faz", que ele mantinha enquanto sentava; sua *performance* provocou um elogio efusivo do professor, seguido de um leve olhar de piedade, com lábios pensos de um sorriso inverso, para mim. Eu sentia a ausência do tempo e do espaço: essa aula eterna dura até hoje dentro de mim.

Se você quer aprender a ser cruel (pois crueldade se aprende!), basta olhar para as crianças. Defendo a tese de que os maiores vilões da história aprenderam a ser cruéis quando crianças: elas se reúnem em grupos para se defender e para atacar tudo aquilo que não seja igual a elas ou que possa ameaçar qualquer um dos integrantes. Este comportamento, se não for bem orientado por adultos responsáveis, pode provocar desvios de comportamento, tanto para o agressor como para o agredido. Mas é importante atentar para o fato de que tentar transmitir conceitos adultos para crianças pode deixar danos irreparáveis: quem nunca ouviu um pai incentivando os filhos a responder de forma agressiva: "filho meu não leva desaforo pra casa!"? Essa é apenas uma das muitas atrocidades que um adulto pode fazer quando deseja ensinar crianças a se defender.

Eu tinha a clara sensação de que meus movimentos, durante toda a aula, eram observados, esperando minha próxima fala. O vidro de minha redoma de proteção foi quebrado com a sarcástica imitação de um gago, feita por um aluno; esse evento levou à risada a maioria da sala, mas eu não me mexi: continuei olhando para o caderno e, numa posição curvada, sentia meu coração bater nas costas e minhas orelhas arderem, o que só aumentou o volume das risadas. De repente, sem que eu soubesse quanto tempo havia se passado, o sinal de fim de aula tocou. Era um sino similar ao de uma igreja, sobretudo porque eu o ouvia como símbolo de minha salvação. Não sei quem foi buscar a mim e a meu irmão naquele dia; apenas gosto de pensar que foi minha mãe ou minha nona. Lembro, contudo, de haver abraçado suas pernas e de reencontrar a vida. O *bullying* é uma forma de morrer e continuar respirando.

… … …

Estrategista, eu?

Passei a viver em um mundo de câmeras lentas: tudo parecia demorar muito e ser muito intenso, devido à capacidade de minha mente de dar zoom. Quando alguém falava, eu podia repetir mentalmente os movimentos de sua boca, como quem quer aprender a falar de novo. Acredito que foi nessa época que eu aprendi a esquecer: prestava atenção apenas nos sentimentos que as pessoas me causavam, pois assim eu não fixava as pessoas, podendo voltar a me relacionar com elas sem mágoas ou ressentimentos. Isso, com certeza, era bom e mau ao mesmo tempo, pois não me afastava das pessoas, mas lhes permitia continuar com as mesmas atitudes que, de certa forma, eram aceitas por mim. Depois de muito tempo, quase tarde demais, aprendi que ninguém atinge o outro sem sua permissão.

Não sei se foi exatamente nessa mesma época, mas comecei a urinar nas calças: isso garantia a volta para casa. O raciocínio era algo assim: vou à escola para agradar à minha mãe, mas, antes de ser alvo de risadas, eu urinava nas calças e, em pouco tempo, estava em casa, acompanhando os lábios de algum adulto que sempre dizia a mesma coisa. O carinho, no final, compensava tudo, mesmo sabendo que no próximo dia os olhares e as risadas teriam mais motivos e seriam mais intensos. Um dia, contudo, alguém teve a grande ideia de mandar uma troca de roupa que me fazia permanecer na escola mesmo após o "acidente". Eu teria, então, que encontrar outro meio de fugir das risadas. O que mais me surpreende, hoje, é o fato de que os adultos nunca me perguntaram o porquê desse comportamento: apenas me davam conselhos, sermões, e, de vez em quando, me faziam ameaças. Teria sido tão fácil se alguém apenas se preocupasse mais comigo do que com as calças molhadas!

Em certa aula, o professor pediu que alguém da sala imitasse algum animal. Ele ficou surpreso quando viu que eu fui o primeiro a levantar a mão. Eu ainda não sabia até onde poderiam chegar o menino do fundo e seus amigos: tomei coragem – afinal eu sabia que ninguém o faria melhor e, assim, eu poderia passar a ser admirado –, controlei todos os meus medos, respirei fundo e, ainda que meus joelhos não quisessem participar, imitei o melhor burro do mundo. Resultado de minha coragem: passei a ser "gagago" e "buburro"! No meio da aula e nos intervalos sempre se ouviam os imitadores em minha direção.

Era hora de mudar de estratégia: assim como o xixi foi útil, o cocô seria útil também. Lembro-me de atravessar a praça com as pessoas me olhando, meus sapatos fazendo um barulho e deixando um rastro pelo caminho. Minha nona me fez tirar a roupa no quintal e tomei meu primeiro e divertido banho de mangueira. Foi um dia diferente e feliz. Apesar dos blá, blá, blás do final, valeu a pena. Havia nisso tudo um porém: esta prática era muito incômoda e humilhante; eu tinha de encontrar outros meios e não tardou para que eu os encontrasse.

Mas, devido à autoproteção que meu cérebro se acostumou a realizar, apagando trechos que qualquer um gostaria de esquecer, não me recordo muito desse período nem sei mensurá-lo com precisão.

O tiro de misericórdia, contudo, ainda estava por vir. No final do ano eu tinha enfrentado todos os fantasmas de minha situação e, mesmo assim, havia conseguido atingir a média escolar necessária para passar; havia conseguido, aliás, médias muito melhores do que as dos meninos e das meninas do fundo, que foram promovidos apenas para evitar maiores problemas. Mas ou por decisão de algum pedagogo que nunca vi, ou por cumprimento a alguma lei educacional, fiquei retido sob a alegação de não ter idade mínima para ser promovido à série seguinte. Resumo de meus pensamentos: adultos idiotas! Permitiram minha entrada, trabalhei minhas limitações, relacionei-me, superei limites, enfrentei humilhações... Morri e continuei respirando... Para quê?

Respeito pela força

Nesta fase já estou maior, a ponto de poder usar meus avantajados quilos a meu favor e de fazer cara de mau. Descobri que neste mundo muitas vezes não é necessário ser, basta parecer.

Este sou eu: menino robusto numa cultura em que comer muito e ser robusto eram sinais de saúde. Na minha família, criança que limpa o prato era elogiada e apreciada; se repetisse o prato, poderia até ser admirada e respeitada. Eu então aprendi a comer em quantidades, o que me garantia uma aparência forte para os padrões da época. Bastava juntar minhas falas curtas e objetivas a uma cara de mau para desfrutar da popularidade de bom de briga, sem nunca ter brigado.

Se você prestar atenção, verá que a agressividade está diretamente ligada à autoestima: quanto mais agressiva se mostra a pessoa, mais baixa é sua autoestima. Quem tem uma autoestima alta geralmente não se digna a perder tempo com agressividades ou brigas, pois encontra outros meios para afirmar sua posição. Uma autoestima saudável não é fruto do acaso ou do privilégio genético ou biológico, é construída através da capacidade de enxergar os objetivos e as possibilidades de alcançá-los. Nesta perspectiva, o papel dos pais e dos professores é fundamental: é quando precisam mostrar caminhos e ajudar a superar obstáculos; mostrar qualquer caminho sem dar condições de percorrê-lo pode, afinal, promover um efeito contrário ao nos fazer acreditar não sermos capazes de enfrentar os desafios. O único cuidado que se deve tomar é o de nunca caminhar pelo outro.

Andava pelos corredores e pelo pátio do colégio de ombros retos, cabeça ligeiramente inclinada para frente, forçando um olhar oblíquo que deixava rugas na testa. Tinha a clara sensação de que os meninos e as meninas abriam passagem e comentavam trêmulos sobre minha crueldade e, pela primeira vez, eu me senti do lado dos fortes. Diga-se de passagem, para mim os fortes eram justamente os que antes me faziam sofrer, pois todos preferiam juntar-se a suas agressões a correr o risco de serem agredidos. Eles eram sempre os líderes e os outros apenas esperavam o primeiro movimento para dar apoio. Mas, comigo por perto, até mesmo eles já não se sentiam tão estimulados a continuar suas agressões, pois a minha mudança de postura não lhes permitia prever minha reação. Eu tinha me transformado em meu próprio inimigo, com a fragilidade de não saber como sustentar esse comportamento. Meu irmão, para sua proteção, encarregava-se de aumentar minha "fama", dizendo a todos que quem tentasse agredi-lo teria de enfrentar a fúria do irmão. Ele até buscava provocar situações para no final ameaçar me chamar.

Desfrutava dessa incômoda situação de fingimento já há algum tempo, sem nunca ter agredido ninguém nem com palavras. Quando a escola recebeu um aluno visivelmente mais velho que o resto da sala, que fazia minha cara de mau parecer a de cachorro arrependido com o rabo entre as pernas, e que carregava, debaixo do braço, fotos de um campeonato de boxe que havia vencido, logo alguém olhou para mim. Percebi que tinha de tomar uma atitude entre manter minha posição ou abanar o rabinho. Devido à dura insistência de minha mãe em ter filhos bem-educados e, principalmente, ao medo, como já estava acostumado com a vergonha, fiquei com a segunda opção que, de certa forma, eu sabia que era a mais sensata.

De volta ao meu verdadeiro eu, sentia-me aliviado e, ao mesmo tempo, preocupado, pois aqueles que eu havia conseguido controlar durante algum tempo haviam ganhado um aliado. Não demorou muito para ele se expressar da forma como era conhecido: não sei como, nem o porquê, meu nariz encontrou o punho dele ou, quem sabe, o punho dele encontrou meu nariz. A ordem dos fatores não altera o produto, que era muita dor e sangue. Lembro-me de ter a preocupação de não manchar o uniforme, mas não consegui.

Não concordo e não justifico, mas, hoje em dia, quando vejo os inúmeros casos de jovens que entram em escolas e atiram contra os alunos, provocando inúmeras mortes, fico com uma reflexão paradoxal: será o número de mortes que ele provocou igual ao número de vezes em que ele morreu vítima de *bullying*? A diferença, talvez mais óbvia, é que o *bullying* mata a alma e a bala mata o corpo; o *bullying* é uma cicatriz de casca fina, que deve ser constantemente limpada para não purgar; o *bullying* sangra por dentro, de modo que ninguém vê, a não ser quem o carrega.

Embora não concorde e não justifique aqueles que matam por não verem outras possibilidades, penso também na autoestima saudável, que, como já mencionei, é construída através da capacidade de enxergar objetivos e das possibilidades de alcançá-los. Assim, entendo que essas pessoas talvez permitam apenas que suas limitações matem um corpo, a fim de aliviar a alma, para poderem conquistar seus objetivos.

Não sei explicar como ou por quê: no meu caso, cada vez que essas situações de alvejamento me cobriam de sombras (e não foram poucas vezes!), consegui controlá-las, mas tenho, íntima, visceral e medularmente, a certeza de uma coisa: isso está ligado à estrutura familiar em que eu me encontrava.

E, por falar em família, tudo estava prestes a mudar.

Um estranho no ninho

Depois da separação de meus pais e de todos os traumas iniciais, voltei a ter contatos quinzenais com meu pai. Um frágil fio de tranquilidade trazia novas esperanças, e a presença de meu pai, com o passar do tempo, deu espaço a uma convivência "quase" normal, porque meu pai ou minha mãe (não me lembro bem...) havia começado um novo relacionamento.

"Todos temos o direito e o dever de buscar a felicidade": isso é o que penso hoje, mas na época...

Depois de um fim de semana com meu pai, nossa casa contava com a presença de um estranho que aparecia cada vez com maior frequência: tio Nano era o nome dele. Minha mãe era muito atenciosa com ele e ele, por sua vez, era também atencioso com ela; quando ele estava em casa, ela não brigava com a gente, de modo que um arco e flecha de plástico azul, igual ao do Robin Hood, com flechas que grudavam nas paredes, selaram nossa amizade.

Malas, roupas e outras coisas anunciavam uma estada mais longa, que eu, porém, acreditava que não seria tão longa. Não me lembro de minha mãe anunciando formalmente a união com tio Nano, mas quando a barriga dela começou a crescer, entendi que seria algo permanente. Só me recusava a chamar tio Nano de pai, como levemente minha mãe sugeriu algumas vezes. Não se tratava de rejeição, mas de apreço ao meu pai, que se chamava Fernando; diga-se de passagem, ele também já estava reconstruindo sua vida com outra pessoa.

Meu irmão e eu tomamos banho e vestimos roupas especiais para irmos conhecer o novo irmão no hospital. A expectativa deu lugar à decepção ao ver um bebê de que não podíamos aproximar-nos quando ele foi colocado no berço; meu irmão e eu, na ponta dos pés, pudemos dar uma espiadela de perto. Ao apoiar os calcanhares no chão, com os rostos fora do alcance dos adultos, juntos fizemos uma cara de desprezo, com um rotundo "que feio!", seguido de uma risadinha tampada com as mãos.

Contei tudo isso para mostrar a situação em que me encontrava e exemplificar a carga emocional que a chegada de um novo membro à família pode provocar em uma criança. Agora me encontrava entre dois irmãos: o tão esperado primeiro filho, que carregava o nome dos avôs, e o último filho, caçula, raspinha de tacho, alegria da casa e, ainda por cima, filho único do tio Nano com minha mãe. Ao mesmo tempo que minha mãe insinuava que gostaria que chamássemos tio Nano de pai, todos se referiam apenas ao bebê como filho do Nano... Era como se todos afirmassem que ele só tinha um filho.

Pois é... Passados vários anos, minha situação voltava a piorar. Agora eu era o invisível filho do meio, aquele que vem ao mundo incumbido de uma missão principal: a de fazer companhia para o primeiro, usar suas roupas e brincar com seus brinquedos, mas que, de repente, depois de nove anos me via destituído de atenção. Eu tinha de encontrar uma nova estratégia (uso a palavra estratégia apenas para deixar bem clara a vontade involuntária que todos temos de ser percebidos; não quer dizer que eu pensasse nesses termos, mas o objetivo natural era ser alguém).

Como já mencionei antes, ninguém age de forma incoerente: apenas respondemos aos estímulos com os arquivos de que dispomos em nossas mente. Para esse caso, o arquivo gaguejar foi reconhecido e intensificado, e lá estava eu com um novo gaguejar e com movimentos como que coreografados: mais uma vez deu certo, reforçando, sem querer, esse comportamento.

Uma mudança

Fomos morar numa vila de casas iguais construídas por uma cooperativa da qual tio Nano, de alguma forma, fazia parte. No início, tínhamos de ir para a escola de ônibus; só algum tempo depois passamos a contar com um carro. Nos dias de muito frio, o automóvel amanhecia coberto de gelo e tínhamos de jogar água fervente no motor para poder dar partida. Era uma aventura gelada, mas divertida; antes era a aventura de pegar ônibus: o uniforme escolar garantia a viagem de graça, com o único inconveniente de que era preciso pedir ao motorista a gentileza de nos levar.

Por inúmeras vezes fiquei parado na porta do ônibus, sem conseguir falar; observava a cara do motorista, que transparecia sua raiva por estar perdendo tempo; a porta se fechava na minha cara enquanto eu acompanhava os lábios do motorista proferirem palavrões proibidos para menores de vinte e um anos. Muitas vezes deixei de tomar os ônibus, pois sabia que meu nervosismo não me deixaria falar sem gaguejar; eu tinha esperança de que todos os garotos que aguardavam no mesmo ponto e que ficavam rindo de mim fossem embora antes. Fingia procurar coisas na bolsa ou estudar, mas podia vê-los apontando para mim e rindo; principalmente, eu podia ouvi-los enquanto seus ônibus se afastavam do ponto.

Chegar à casa era um alívio. Tínhamos poucos amigos, a vila era mais ou menos segura e as crianças brincavam na rua. Lembro-me de minha mãe pintando toalhas de mesa e cuidando do caçula: as toalhas eram muito elogiadas por todos, o que a levava a se dedicar cada vez mais a essa atividade. Meu irmão e eu podíamos brincar bastante, porque assim o trabalho de minha mãe rendia mais, mas ela tinha de fazer um esforço enorme para que eu fosse brincar.

Um dia ela me colocou na porta e a fechou, alegando que eu tinha de brincar como meu irmão; ela continuou suas pinturas e não percebeu o tempo passar. No fim da tarde, quando era hora de voltar para casa, as mães saíam à porta e, com gritos, chamavam os filhos; nessa hora minha mãe tropeçou em mim, que havia ficado sentado na soleira da porta durante toda a tarde. Depois de algum tempo, fiz alguns amigos com quem jogava futebol, mas, como sempre fui um péssimo jogador, só jogava quando a bola era minha, pois assim ameaçava os meus amigos dizendo que voltaria para casa caso não pudesse brincar.

Nessa época sempre pude contar com o olhar carinhoso de nossa cachorra boxer, que não se importava em ficar por horas e horas ao meu lado. Ela sim não ria de mim; pelo contrário, podíamos passar uma tarde inteirinha sem conversar.

O jardim de casa foi coberto de grama, que requeria cuidados especiais por causa do frio. Lembro-me de que algumas vezes ajudei tio Nano nos cuidados e cortes. Tio Nano já havia muito tempo exercia o papel de pai exemplar de seus três filhos, mas alguns adultos estúpidos não deixavam de ressaltar que Nano tinha apenas um filho e que Chichi (apelido de minha mãe) tinha três. Eu não percebia diferença no tratamento que ele dava aos três e já pensava secretamente em chamá-lo de pai; porém como eu não saberia explicar isso ao meu pai, com quem nunca deixei de manter contato próximo, preferi deixar como estava. Por muitas e muitas vezes, porém, engolia a palavra pai, que batia no céu da boca fazendo um maremoto nos meus olhos, os quais se fixavam no chão preto brilhante, encerado com graxa de sapato.

Meninos e Meninas

Como é fascinante descobrir as diferenças e a magia que nos atrai de forma concreta e ingênua (e quando digo ingênua me reporto a quatro décadas atrás!), em que, acredite quem quiser, telefone era coisa de luxo e poucas casas contavam com televisão; sem falar, ainda, nas novas tecnologias da informação que revolucionaram o mundo, mas que também, de alguma forma, nos afastaram dessa ingenuidade, porque nos fazem amadurecer de forma forçada e rápida, fazendo perder o sabor da vida. É como acontece na natureza, quando perdemos o natural e quando forçamos o amadurecimento de frutas em estufas.

Tio Nano havia construído uma piscina no quintal e, com a chegada do verão, nossos "amigos" aumentaram na mesma proporção que as visitas de parentes: tinha o amigo do amigo e o parente do parente. Era uma "felicidade" total ter a casa cheia o tempo todo; estranhamente, porém, os semblantes de meus pais demonstravam uma felicidade cada vez menor. Eu não ligava: quanto mais gente, melhor; assim eu podia continuar invisível, sem ser incomodado ou forçado a falar.

Mas o destino me reservava uma surpresa. Um belo dia, de mãos dadas com sua mãe, chegou uma menina que me cativou, coisa de criança. Eu pensava: "tomara que a mãe não largue da mão dela, pois se ela se aproximar eu terei de falar". Resolvi manter uma distância segura, mas meus olhos não desgrudavam dela. A imagem dela se fixou nas minhas retinas e, mesmo de olhos fechados, lá estava ela, projetada nas minhas pálpebras. Trocamos alguns bilhetinhos com desenhos, mas nessa mesma época, logo após o golpe militar no Chile, meus pais decidiram mudar para o Brasil; quando ela soube, usou toda a sua crueldade: mandou-me um bilhetinho com o desenho de um coração!... Então concluí que ela também sentia por mim o que eu sentia por ela. Mas nos mudamos e nunca mais a vi: foi assim, sem palavras, que vivi meu primeiro grande não sei o quê.

Como minha mente é seletiva e altamente protetora, não me lembro nem do nome, nem da menina dos bilhetes. O que ficou marcado, de fato, foi não termos trocado palavra alguma, evidenciando as limitações, impostas pela gagueira, e as experiências que eu acumulava. Hoje consigo falar dessas limitações com naturalidade e maturidade, mas, na mente de uma criança ou mesmo de um jovem com dificuldades para projetar o futuro e que vive só o aqui e agora, elas eram como uma espada emocional atravessada na alma: tudo o que se quer é assumir o papel que a vida lhe reserva, mas ele é negado por essas limitações e pela falta de caridade do outro.

● ● ●

Brasil, uma nova realidade

O golpe militar no Chile foi um dos mais violentos da história. Parece-me que minha mãe conheceu tio Nano colando cartazes políticos ou fazendo algo similar, pois ambos eram simpatizantes do então presidente Allende: tinham livros e fotos, nada além disso. Mas o golpe foi seguido de toque de recolher e de revista nas casas, ocasiões em que os milicos eram capazes de cometer atrocidades, ainda que não encontrassem nada. Imaginem se encontrassem fotos e livros!... Eles queimaram tudo e nenhum vizinho se atrevia a comentar nada: política era algo proibido, e o medo alimentava as mentes, expostas a imagens de corpos pelas ruas e marcadas pela ausência de muitos mortos e desaparecidos. Era o jeito militar de manter o medo e uma concepção de ordem.

Tio Nano era encarregado de manutenção de uma rede de supermercados. Foi esse trabalho que lhe deu direito à casa onde morávamos. Um dia, porém, os milicos bateram em casa para avisar que ele havia sido levado para o estádio nacional, onde se mantinham presos os que de alguma forma agiam contra a nação, segundo o governo. Haviam encontrado uma ligação clandestina de energia em um dos supermercados e logo a relacionaram ao nome dele. Minha mãe chorava amargamente, pois sabia que sair de lá com vida era praticamente impossível. No dia da visita, segundo conta minha mãe, ele comia, dentro de uma lata, a única refeição do dia, o que causou grande impacto emocional. Minha Nona Katy, avó materna, abraçava-nos, e nós, crianças, chorávamos sem saber ao certo o porquê. Eu me questionava se deveria tê-lo chamado de pai, pois parecia que não daria mais tempo. Felizmente, dias depois, tio Nano voltou, pois nada se encontrou contra ele; depois de algum tempo, decidimos mudar-nos para o Brasil.

Assim que saímos do país, apesar de todo o respeito e de todo o carinho que cultivo pelo meu pai biológico, sentia como se já pudesse chamar, sem culpa, tio Nano de PAI. Hoje ambos convivem com a ideia de serem chamados de pai: foi um alívio e um prazer poder agradecer anos de atenção, carinho e paternidade, em toda a sua amplitude, com a simples palavra "PAI".

1976: chegamos à casa do meu tio, que havia chegado ao Brasil um ano antes. Dois ou três dias depois, já frequentava a escola. Era um mundo diferente: quem mora em países frios geralmente é mais recatado, fala mais baixo, valoriza suas boas roupas; encontramos um povo maravilhoso, expansivo, de fala alta, de muitos toques e calor humano, com roupas leves que me causavam constrangimento; sem falar, ainda, do desafio da língua: se essa era uma difícil tarefa para todos, para mim se tornou uma barreira (ou mais uma barreira) a que deveria transpor.

Tudo se repete, novamente

Sem poder passar por uma adaptação natural, fui imediatamente matriculado em uma escola, na oitava série. O ano letivo já havia começado, de modo que não tive qualquer tempo mesmo, pois meu primeiro dia de aula seria já no dia seguinte. Não consegui dormir e a noite me parecia interminável. Ao entrar na sala de aula, levado pela vice-diretora, a professora sorriu para mim e, assim que a vice-diretora saiu da sala, o sorriso sumiu, para dar lugar a um pedido para que eu me apresentasse à sala. Todos estavam emudecidos com minha presença.

Embora a situação fosse outra, havia muita semelhança com meu primeiro dia de aula no Chile. Eu tremia, e meus joelhos, que haviam se acostumado a me obedecer, ficaram rebeldes e teimavam em tremer; então, tomei coragem e, pegando um giz, escrevi meu nome completo no quadro negro. Mas, ao encarar a sala, entendi que a professora queria que eu falasse em voz alta; novamente o mundo começou a passar em câmera lenta: tentei ler os lábios, mas, como a língua era nova, não consegui. Os olhares eram de expectativa, de modo que não pude fugir: falei, falei e gaguejei como nunca.

As expressões de expectativa e de admiração começaram a dar espaço a risadas e comentários paralelos. Mesmo sentido minhas orelhas queimarem, eu tinha de terminar de falar meu nome, pois a teimosia faz parte de minha personalidade. A professora, então, comovida com meu esforço ou se sentindo culpada, tentou me parar, mas sem êxito. Sei que ninguém ouviu, mas eu terminei.

Enquanto a professora tentava acalmar a sala, eu tentava recompor-me do esforço. Fiquei pensando que, provavelmente, eu também teria dado risada ao ver minhas caretas; não seria, porém, tão cruel. Depois de um breve silêncio, a professora, entre dentes e segurando uma risada, pediu para me arrumarem um lugar: ela trocava olhares com os alunos mais próximos e mordia os lábios, mas os olhos dela e os da maioria da sala gargalhavam. Ninguém se mexeu na tentativa de me ajudar, mas eu já estava acostumado com o fato de que ninguém me quisesse por perto.

De frente para a os alunos, meus joelhos queriam tocar o chão e minha cabeça se enfiar entre os ombros. Do meu lado direito, próximo ao meio da sala, uma menina, que parecia inteligente, chamou-me, com um leve movimento de cabeça, e afastou uma cadeira com ar de gentileza. A sala suspirou em coro, como quem diz "tinha que ser ela!". Tudo me parecia muito distante e demorei a iniciar a caminhada em direção ao lugar cedido pela menina: meus joelhos preferiam a luz da porta, que dava ao corredor, que dava ao pátio, que dava ao portão, que dava à rua, que me levaria para casa... Mas, como já tinha experiências e costume, consegui que eles me obedecessem: ultrapassei as barreiras e me sentei rapidamente (para mim e minha câmera lenta, contudo, foi tudo muito lento). Depois de sentado, tinha de carregar nos ombros o peso dos olhares de toda a sala. Prontamente, a professora pediu que todos se virassem para frente e começou a explicar, da mesma forma que meu primeiro professor, que somos todos iguais, com características, limitações, problemas, falhas e deficiências próprias... Blá, blá, blá... Era mais uma dessas explicações que crianças e jovens não entendem, mas aliviam a consciência do adulto e disfarçam sua ignorância sobre o assunto. É uma nobre tentativa, mas não causa efeito algum; ações como apoio, aceitação e naturalidade diante do assunto têm muito mais eficiência do que longas explicações.

Mais uma vez, meus sonhos de vida nova, agora em um país novo onde ninguém me conhecia, iam por água abaixo. Muitas vezes pensei que, se tivesse a oportunidade de recomeçar, tudo seria diferente, mas eu era mesmo um fracasso: acabara de desperdiçar a última oportunidade de alcançar a felicidade. Até pensei em acabar com o sofrimento do jeito mais fácil e egoísta que alguém pode escolher: tenho dificuldades em pronunciar e admitir, mas pensei, sim, em suicídio. Já não era uma criança e poderia pensar em algo rápido e sem dor, mas um fracassado como eu certamente também não teria sucesso, nem nisso. Decidi adiar para ver se dava tempo de reverter a situação e dei a mim mais um longo dia. Tentei parar o relógio, mas o tempo é implacável e cruel para quem não é normal. Eu pensava no meu quarto e, quando abri os olhos, já era um novo e assustador dia de câmeras lentas.

Parece redundante, mas a rotina era sempre similar; desta vez, porém, estava em jogo minha vida: eu pensava em fingir que gaguejei por causa da diferença de língua, afinal eu ainda não sabia falar o português, mas não conseguia convencer meus joelhos que, ao avistarem o portão da escola, não queriam continuar em sua direção. Como num flash, estava diante de mim a praça que marcara meu primeiro dia de aula. Então lembrei que, se aquela criança havia enfrentado suas dificuldades, o jovem de então seria também capaz de seguir andando. Mas quem diz que convencia meus joelhos? Foi um brusco empurrão do meu irmão que me fez continuar andando, foi o embalo para eu continuar. Agora tinha de controlar a respiração, para que meus olhos não pulassem das órbitas e para que minhas orelhas parassem de queimar: entrei no portão, passei o corredor e estava na porta da sala. Pintinhas pretas no olhar e uma enorme vontade de vomitar me obrigaram a correr para o banheiro, onde me pareceu despejar a alma pela boca. "Tomara morra aqui mesmo" – desejava, mas sobrevivi mais uma vez. Lavei o rosto e continuei em direção à sala, aonde cheguei atrasado, chamando a atenção de todos. "Entrei, entrei, entrei" – pensava e me sentia vivo. Parecia que todos haviam esquecido o dia anterior.

Não contava com um novo professor na primeira aula. Ele gentilmente percebeu a presença de um aluno novo e tentou uma aproximação, perguntando meu nome. Assim que ele perguntou, parece que lembrou toda a sala do episódio do dia anterior, e os mais ousados começaram a imitar minha performance; alguns, inclusive, até imitavam animais. Eu, por estar de frente para o professor e não para a sala, enchi o peito e, em alto e bom-tom, disse meu nome completo sem gaguejar. A sala ficou em silêncio e eu cheio de orgulho por ter ganhado mais um dia de vida. Não me atrevi a olhar para ninguém, mas o doce e suave silêncio podia projetar admiração. Durante todo aquele dia me apoiei na ideia de valorizar a diferença de língua para poder respirar e aguardar o momento certo de falar apenas o necessário.

A câmera lenta havia deixado de funcionar e eu estava feliz, feliz, feliz! Acordei para ir à escola com a normalidade que nunca tinha experimentado; pela primeira vez em catorze anos, sentia-me completo e equilibrado, tinha domínio dos joelhos e quase totalmente da respiração.

Na sala, na hora da chamada, meu nome pela primeira vez estaria na lista. Um aluno me ensinou como deveria respondê--la e eu, empolgado como estava, não questionei. Assim que a professora mencionou meu nome, repeti com fervor as palavras que me haviam ensinado segundos atrás, o que provocou uma explosão de gargalhadas que atiravam água no meu recém-começado castelo de areia. A professora entendeu o que havia acontecido e, em tom zangado, questionou a sala quem havia me ensinado aquilo. Ninguém assumiu o magistério, mas, pela proximidade à minha cadeira, o professor mandou dois alunos para a diretoria. Pensei em assumir a culpa, pois isso me tornaria um herói e me faria ganhar a confiança da galera que comandava a sala, mas não consegui. Sem querer, sem pedir, a câmera lenta ligou automaticamente. Somente depois de alguns dias fiquei sabendo a tradução de minha resposta à chamada da professora; acreditem: não teria coragem de escrever aqui tamanho palavrão.

 Chegava em casa e corria para o quarto, onde podia ficar sozinho. Queria voltar para meu país, pois lá eu já tinha alguns amigos que me aceitavam do meu jeito; tinha minha cachorra para conversar, ainda que sem palavras; passava tardes escutando músicas de alguns LP's que meu pai trazia de viagens. Havia, inclusive, uma música que eu repetia muitas vezes: ela contava a história de um personagem que sofria muito e que, mesmo nessa situação, encontrava forças para continuar cantando. Era inspirador e, assim, eu pensava que também deveria continuar cantando. Acredito que minha atração por música deva ter alguma relação com o fato de que gagos, geralmente, não gaguejam quando cantam. "Tenho de continuar cantando" – repetia – era como repetir: "tenho de continuar vivo". Após alguns dias, eu já estava de uniforme. Se é que aquilo que eu vestia poderia ser chamado de uniforme: para quem estava acostumado com meias brancas, sapatos engraxados, terninho, gravata, gel no cabelo e, reluzindo no peito, o emblema do colégio em forma de brasão, uma calça jeans e uma camiseta branca com o nome do colégio estampado me pareciam quase humilhante. Pensava, sinceramente, que deveria ser essa a causa para os alunos se comportarem de uma maneira que me parecia estranha: os alunos não tinham orgulho do colégio, não se sentiam valorizados e, muito provavelmente como resposta, não valorizavam o colégio.

A professora entrou, seguindo um método tradicional de estudos, pediu que abríssemos o livro em uma determinada página, pois iríamos estudar lendo um capítulo de forma sequencial: cada aluno deveria ler um parágrafo. Até hoje não entendo como alguém pode aprender dessa maneira: será que algum aluno escuta o que outro está lendo? Eu rapidamente contava quantos alunos havia na minha frente e encontrava o parágrafo que me correspondia, esperando que ninguém mudasse de lugar ou que a professora não alterasse a sequência; alguns, ao perceber minha estratégia, mudavam de lugar intencionalmente, mas eu não reclamava, apenas voltava a contar e encontrar meu parágrafo para poder treinar. Quase chorava quando as mudanças repetidas me impediam de treinar, o que alimentava o sarcasmo dos alunos. Mas muito pior e mais humilhante era quando a professora pedia para eu não ler, pois assim não atrasaria a sala: depois de tanto esforço e aflição, eu era simplesmente descartado, para não atrapalhar! Hoje gosto de pensar que ela não queria expor-me ao ridículo e, em mais um ato heroico de adulto, salvava-me das garras dos inimigos que, no intervalo, faziam roda para rir de mim por não ter lido. Eu sempre remoía: "por que não me perguntam se quero ou não quero ler? Por que nunca me perguntam o que quero? Não preciso de proteção, preciso de liberdade!"

"Claudio, quer ler?" – perguntou um fenomenal professor de português. Com a cabeça, respondi de forma afirmativa enquanto ele distribuía papéis com parágrafos específicos para cada um. Ninguém poderia mudar meu parágrafo, mesmo que se mudasse de lugar. Eu podia ler nos olhos de alguns a decepção por dessa vez não terem a chance de me sacanear. Conformados e sem opção, decidiram participar da aula, todos sentados; apenas deveria ficar em pé quem estivesse lendo, conforme a orientação do professor. Isso só complicou minha vida, mas, dessa vez, li até quase decorar; convencia meus joelhos de que eles deveriam levantar-me quando fosse minha vez. Fui convincente e eles obedeceram: fiquei de pé e li. Eu li, eu li, eu li sem gaguejar. Silêncio na sala. Após tantas risadas, o silêncio tinha som de aplausos.

Mas, enquanto eu sentava, já com os joelhos dobrados e em direção à minha cadeira, o silêncio foi quebrado por um arrastar de cadeira... Minha cadeira! Ela havia sido arrastada pelo aluno detrás! Já era tarde: não consegui reverter minha trajetória antes de encontrar o chão. Bati a cabeça na mesa detrás e, na sequência, encontrei violentamente o chão. O silêncio foi quebrado por um maremoto de gargalhadas. Câmera lenta ligada e rostos dispostos em roda sobre mim. Alguém havia desligado o som e deixado apenas os rostos, com suas expressões, indo e vindo... Apenas uma mão entrou no meio do caos e me ajudou a levantar, a mão do professor. Eu não ouvi, mas podia ler, nos seus lábios, palavras de carinho e observar, em seu olhar, preocupação. Recuperado e já sentado, o som voltou com o professor recriminando a atitude de todos e mandando alguns alunos para a diretoria. Um deles não voltou mais e ficava sempre na porta do colégio no horário da saída para ver os amigos: todos acompanhavam com os olhos minha saída.

Em terra de cegos...

No intervalo das aulas, colocavam uma mesa de pingue-pongue no pátio e sempre realizávamos uma brincadeira, tipo torneio, em forma de rodízio. Os participantes, na sua maioria, eram sempre os mesmos e, entre eles, os que costumavam liderar movimentos contra os mais retraídos. Várias vezes haviam me convidado para participar do torneio, só para afirmar suas superioridades em todos os aspectos, mas sempre recusei o convite, mesmo já tendo alguma experiência no jogo.

Em determinado dia, porém, eles me cercaram e me levaram até a mesa, onde estavam meu irmão e um meio-primo meu: nos três éramos chamados de chilenos. A ideia era que os chilenos disputassem contra o resto do colégio, o que juntou uma pequena multidão interessada em assistir. A presença e o apoio de meu irmão e de meu meio-primo, além dos espectadores, animaram-me: eu fui o primeiro a jogar e ganhei de uns cinco ou mais antes de perder minha primeira partida. O que era brincadeira para humilhar ficou sério, e tanto meu irmão como meu primo mostraram ótima performance. Isso nos garantiu um dia de admiração e promessas de novas disputas no próximo dia. Descobri, nesse dia, o sentido do velho ditado: "Em terra de cego, quem tem um olho é rei".

Joelhos firmes e respiração controlada. Muitos olhares de respeito, até mesmo por parte dos adversários que, de alguma forma, queriam aprender a jogar. Mais um intervalo, mais uma disputa: felicidade, felicidade e mais felicidade. Jogadas com efeitos, cortadas de perto e de longe, movimentos precisos e gritos de admiração. Não sabia explicar se era eu quem estava gaguejando menos ou se eles haviam resolvido não ligar para isso diante de tamanha habilidade no jogo. Alguns queriam ser amigos e outros tentavam redimir-se de suas atitudes: valia tudo para fazer parte dos chilenos, que eram sutilmente liderados por um ex-fracassado, agora detentor do sucesso. As partidas eram tão esperadas que era difícil fazer os alunos voltarem para a sala de aula após o intervalo, o que fez com que os professores começassem a reclamar providências à direção. Numa atitude democrática, a direção resolveu guardar a mesa e, junto com ela, minha felicidade. Mas, como já estava mais confiante, protestei; levei minha primeira suspensão, cheio de orgulho. Olhava agora com mais confiança para os alunos e me perguntava por que os adultos optam por suprimir as oportunidades ao invés de organizá-las e administrá-las: que pedagogia é essa, que repete os mesmos erros e fórmulas que florescem em adultos frustrados?

Durante minha suspensão de três dias, fingia ir à aula e ficava na rua detrás do colégio, em uma lanchonete, jogando bilhar. Bebia guaraná e comia salgadinhos até esperar o horário da saída do colégio, quando ia encontrar-me com meus novos amigos. Eles haviam descoberto onde estava guardada a mesa de pingue-pongue: a porta estava trancada, mas não custava tentar abri-la. Como ainda tinha mais um dia de suspensão, junto com outros dois alunos, aprendi a pular o muro da escola, mas para o lado de dentro. Nosso objetivo era abrir a porta onde se encontrava trancada minha felicidade. Na verdade, estou exagerando, pois agora minha felicidade tinha outras opções, reconhecidas por todos. Eu gostava de pensar assim: negava-me a crer que o interesse dos outros era apenas na mesa de pingue-pongue. Como em um filme de ação, com um arame na mão, seguimos as coordenadas para a ala desativada do colégio e encontramos a mesa; com habilidade de mestre, consegui abrir a porta, de fechadura antiga. Abrimos a mesa e, como tínhamos raquetes e bolinha, imediatamente começamos o jogo: um dos três ficava no corredor, vigiando a aproximação de estranhos, inspetores ou diretores. Não havia outra intenção a não ser a de jogarmos e, portanto, achávamos justo usar esse meio. Além de tudo, era muito desafiador e ousado para nossa época.

Como em uma fraternidade, apenas alguns sabiam das partidas clandestinas. Os convidados juravam manter segredo e sentiam-se privilegiados por poder participar. Tínhamos até códigos secretos que avisavam o momento exato do encontro. Como eu era o único que conseguia abrir a porta, nunca mais ouvi risadas ou agressões a respeito do meu jeito de falar. Se, por algum motivo, alguém o fazia, logo tentava desculpar-se ou fazer uma piadinha simpática, que eu ia permitindo e autorizando.

Aquilo que era esporádico foi tornando-se frequente, a ponto de não assistirmos às aulas para poder jogar. Os professores começaram a sentir nossa falta, de modo que não tardou para descobrirem nossa aventura. Para vários de nós, porém, já era tarde demais: pela primeira vez eu encarava uma reprovação escolar. Tanto quanto fazia sentido o ditado: "Em terra de cego, quem tem um olho é rei", também o fazia aquele que dizia: "Se você não pode vencer seus inimigos, una-se a eles": eu havia me tornado um deles, um daqueles que eu odiava, e estava pagando o preço. Naquele momento, porém, não fiquei mal por ter perdido o ano, só depois senti o peso de minhas escolhas.

É muito comum aquele que foi alvo de *bullying* tornar-se agressor: é uma espécie de compensação. Quando é aceito pelo grupo que o alvejava, pode ser até mais cruel que os outros, pelo simples fato de ter vivido na pele a agressão e saber com precisão onde golpear. Pois é, o espelho me mostra agora outra face que, de certa forma, me fazia sentir saudades de mim mesmo e de minhas fragilidades; eu não queria transformar-me, queria apenas ser aceito. O fato é que a transformação por que eu passara deixava-me tão dolorido quanto antes.

Mas ainda havia tempo para voltar. Com coragem que não sabia de onde vinha, eu voltei. Voltei rompendo relacionamentos que por um período considerei fonte de vida; e eles voltaram ao mesmo comportamento agressivo de antes, sem aproveitar a oportunidade de melhorar. Para dar mais sentido ao que vivi, complemento o velho ditado: "Em terra de cego, quem tem um olho é rei, mas governar a si mesmo é fundamental para sustentar seu reinado".

• • •

O Diretor

Novo ano, nova turma... Mesmas agressões. Desta vez, porém, aceitas com benevolência e mansidão, afinal somos seres humanos de costumes e hábitos, capazes de aceitar o inaceitável quando nossa autoestima está fechada para reforma. Pode ser uma reforma interior, que dura toda a vida, realizada de portas e janelas abertas, para dissipar o pó e deixar entrar a luz, mas também pode ser de portas e janelas fechadas, para nos sufocar na escuridão. Confesso que, no meu caso, as portas e janelas estavam encostadas de leve, esperando uma brisa que as empurrasse.

Uma professora nova no colégio e com muito boas intenções sempre solicitava minha ajuda para fazer com que eu me sentisse útil; mas ela não levava em consideração que, com isso, também me expunha com frequência, dando-me ares de "queridinho", o que provocava mais isolamento e agressões. Um dia ela me pediu um favor, mas eu não entendi muito bem: estava relacionado com o diretor do colégio e, para me ajudar, ela mandou dois alunos junto comigo. Na secretaria, enquanto eu me mantinha como espectador, eles pediram para falar com o diretor, em nome da professora. Tivemos de aguardar para sermos atendidos, de modo que, depois de algum tempo, os dois desapareceram, deixando-me sozinho no covil dos leões. Como não sabia o que iria dizer à professora se saísse sem o que ela pediu (e que eu não sabia o que era!), decidi esperar. Não demorou muito para que a porta se abrisse e um ilustre cavalheiro me mandasse entrar; ele me perguntou o que eu desejava, mas... Não sei explicar: ele continuou perguntando-me outras coisas e eu não conseguia responder, por não saber; e o não saber piorava cada vez mais meu gaguejar. Depois de algumas palavras gentis, voltei para casa com um bilhete nas mãos, no qual meus pais eram convocados para uma reunião, a qual deveria ocorrer em minha presença. Meu pai perguntou do que se tratava, mas eu não soube responder. Desse momento até o dia da reunião trocamos poucas palavras, mas os olhares de meu pai tentavam descobrir alguma coisa, com ar de reprovação antecipada, como fazem todos os adultos.

Chegado o dia da reunião, meu pai até tentou deixar a missão para minha mãe, mas ela recusou. Enquanto caminhávamos para o colégio, meu pai me deu a última oportunidade de contar o que havia acontecido, antes que ele ficasse sabendo por outro(s). Neste caso, esse outro era a suprema figura do diretor.

O primeiro a entrar na sala do diretor foi meu pai; somente depois eu iria juntar-me a eles. Tinha a clara sensação de que iriam combinar o tipo de tortura que eu iria receber. Poucos minutos depois, porém, podia ouvir uma conversa em tom animado e afetuoso, o que aliviou minha tensão. A porta foi aberta logo, com meu pai quase sorridente pedindo para eu entrar; o diretor se levantou para me cumprimentar, olhando diretamente nos meus olhos, e me indicou o lugar onde eu deveria sentar. Esclarecemos, então, a confusão; o diretor era dos meus... Como ele também era gago, por um instante, no nosso primeiro encontro, pensou que eu estava sendo sarcástico, imitando-o e rindo dele.

Falamos durante algum tempo, e ele passou alguns conselhos de gago mais velho e experiente e explicou alguns exercícios de fonoaudiologia (embora eu já os conhecesse, ouvi com atenção para mostrar empatia). Ele acreditava que todo gago era lateralmente canhoto, mas que as professoras forçavam os alunos a usar a mão direita, o que, de alguma forma, afetava o hemisfério cerebral onde se comanda a fala. Por fim, disse que acompanharia de perto meu caso e que poderia procurá-lo quando fosse necessário. Desse dia em diante, passei a estimular os movimentos com a mão esquerda e andava com uma bolinha nessa mão; isso deu espaço para mais um apelido e não alterou em nada minha condição. Quanto ao acompanhamento... Como promessas de adulto não se cumprem, nunca mais nos encontramos.

Aproveito para dar um conselho às professoras: cada aluno é único e se atinge de forma diferente. Por alguns se tem mais simpatia; por outros se tem empatia; por outros, esperanças; de outros se tem pena e, de alguns, espera-se que mudem de escola. Escora-se sempre em alguma "pedagogia" para explicar cada situação: culpa-se os pais, o governo, a escola, os diretores, ou se assume parte da responsabilidade, o que é coisa de poucos corajosos. Isso não vai mudar: é natural. Dentro da sala de aula, porém, é só o professor, o aluno e suas realidades diferentes, de resultados diferentes. Portanto, professora, não caia na tentação de dizer frases de início de férias ou final de ano, como "Amo todos vocês": para alguns alunos fará sentido, mas, em outros, despertará raiva por vê-la mentir como adulto, e isso alimentará o desejo de continuar agindo de forma contrariada toda vez que não encontrar equilíbrio e coerência.

Silêncio mortal

Minha condição havia caído na rede da normalidade. Eu havia decidido não lutar contra, mas aceitar as piadas, os apelidos e as outras "brincadeiras", e isso, de certa forma, era motivo de inclusão: ninguém mais se preocupava com limites; para animar um encontro, mostrar superioridade ou esconder seus defeitos, a pedra de apoio era sempre o gago. Eu fui aceitando e autorizando, até que a situação ficou insustentável: muitas vezes os agressores eram amigos e parentes, o que agravava a sensação de crueldade. Foi então que o estrategista que habitava em mim voltou a se manifestar com uma solução simplista e rápida, baseada em um raciocínio lógico.

A lógica era: se o que está atrapalhando minha vida era a apenas a fala, pois aparentemente eu era normal, bastaria parar de falar para desestimular os agressores de minhas emoções.

Assim, no primeiro colegial decidi ficar mudo: falava poucas palavras com os conhecidos, apenas para não ser mal-educado, e passei a responder às agressões com um leve sorriso irônico e desestimulador. Em alguns meses o resultado foi positivo: as agressões eram eventuais e mais leves; mas, com o passar de mais tempo, o resultado soava mortal: eu sentia falta de vida, pois podia ver pessoas felizes enquanto minha participação no teatro da vida era apenas como coadjuvante que apenas preenchia espaço; tinha a sensação de que, se retirado do palco, poucos sentiriam minha falta, outros nem perceberiam.

Na mesma época, as paixões juvenis eram como tábua de náufrago, na qual todos queriam agarrar-se, inclusive eu. Mas não me sentia capaz de fazer alguém feliz, pois eu mesmo não era feliz. A timidez, fruto do silêncio, havia se enraizado em mim e dificilmente eu ia além da troca de olhares paralisantes. Quando ia mais adiante e conseguia expressar um leve sorriso sedutor, todos, em coro, diziam: "Olha o Cláudio quietinho! Está indo mais longe que todos nós!". Eu concordava com o olhar para manter a fama e as amizades, mas, na alma, chorava meu fracasso.

Definhava em silêncio. Falta de vida era o que eu sentia. Eu tinha de encontrar um motivo para afastar meus maus pensamentos que tornaram a me atormentar e, então, decidi praticar esportes. Minha cidade contava com um centro social esportivo, onde havia aulas de judô. Meu porte físico me permitia alguma vantagem nesse esporte: comprei um quimono e, em pouco tempo, estava treinando com os melhores e mais velhos. Tinha o respeito de todos por causa de minhas habilidades, o que me incentivava a treinar cada vez mais. Pulei algumas graduações e logo exibia uma faixa de adulto na cintura. Para complementar meu desempenho físico, comecei trabalhos de musculação. A mudança visível no meu físico também me incentivava cada vez mais. Treinava até oito horas ao dia e, por causa desse exagero, comecei a sofrer algumas lesões, principalmente no ombro esquerdo, que se deslocava com frequência e, por isso, obrigou-me a me afastar temporariamente do judô. Já no terceiro colegial, quando a juventude me inclinava ainda mais para as aparências, permanecia apenas na musculação. Descobri que, muitas vezes, não era necessário ser, bastava parecer. Uma vez que todos olham apenas o externo, minha autoestima estava elevada, e fui capaz de dizer não aos anabolizantes que estavam surgindo na época. Mas ainda não havia retomado a fala, pois as atividades físicas preenchiam as lacunas emocionais.

Meu sonho sempre foi estudar veterinária, pois gosto muito de animais, principalmente de cachorros, pois a linguagem deles dispensa palavras. Mas, ao terminar o colegial com dezesseis anos, prestei vestibular para educação física. Passei e, embora não fosse o curso que eu queria, orgulhava-me de ter passado tão novo. Ninguém, aliás, me perguntou se era aquilo que eu queria. Como o silêncio parecia seguro e os exercícios físicos me davam uma aparência saudável, ninguém questionou nada, de modo que, em poucos dias, exibia orgulhoso minha reluzente cabeça raspada de universitário.

Faculdade

Minha primeira grande conquista e meu milionésimo grande desafio: o mais novo da sala e, com certeza, um dos menos hábeis em esportes; sobretudo, o pior jogador de futebol que eles já haviam visto. Fiquei conhecido na faculdade, porque, na prova de aptidão física, como não conseguia pular uma altura de um metro e meio na forma normal, recorri, então, à minha habilidade de judoca e pulei de frente, seguido de uma cambalhota, o que despertou risos e admiração. Tinha companheiros que eram verdadeiros atletas e hábeis em vários esportes; eu, por minha vez, calado e tímido, observava as reações e o relacionamento das pessoas. Percebi que o tempo em que fiquei morto tinha me servido de laboratório comportamental e decidi prestar mais atenção.

Como tinha certeza de que não conseguiria igualar-me em habilidades físicas aos demais alunos da sala, decidi destacar-me nos estudos. Por falar menos e ouvir mais, desenvolvi um poder de concentração apropriado para os estudos: destaquei-me nas matérias teóricas e me arrastei nas práticas. Era o único que não tinha caderno, apenas alguns livros das matérias mais difíceis. Todos esperavam poder sentar perto de mim nos dias de provas, para colar; aproveitava esses momentos para acertar contas, passando cola para uns e não para outros. Mas, no fim, eu mesmo acabava fazendo a prova de muitos e ganhando a simpatia de todos. Ligando meu então presente ao meu já passado, percebi que havia tomado o diagnóstico do psicólogo – de que meu pensamento era mais rápido que minha fala – como fonte de ajuda para superar todas as crises. Sabia que era um diagnóstico falso, mas ele havia me influenciado. Se o diagnóstico fosse contrário à "hipótese da genialidade", também teria marcado minha vida para sempre, mas de forma negativa. Benditas sejam as pessoas que conseguem transmitir vida: nas minhas piores crises de baixa autoestima, essas palavras me ajudavam a superar.

Neste momento de minha vida, pensava que o *bullying* havia ficado no passado. Minha resistência às piadas de mau gosto, às risadas e aos apelidos era impenetrável; só me sentia atingido quando vinham de pessoas próximas ou queridas. Mas muito ainda estava a caminho.

• • •

Resiliência

Já no final do curso, um professor – uma figura que sempre marcou minha vida e que me fez querer ser professor – mostrou-me que um olhar de carinho e uma oportunidade podem mudar radicalmente a vida. Colocando a mão em meu ombro, ele pediu minha ajuda. "Claro que sim" – respondi, com uma leve gaguejada. Ele era uma dessas pessoas que tinha tempo para me ouvir sem tentar corrigir-me. E continuou: "Sexta-feira a faculdade vai inaugurar a rádio interna e gostaria que você aceitasse ser o locutor oficial". Locutor, locutor, locutor... Essa palavra ressoava em meu cérebro com intensidade de badalar de sinos; a câmera lenta tentou voltar, mas eu não permiti; só não consegui comandar meus joelhos, que ainda tinham vontade própria. "Calma!" – disse o professor. Possivelmente havia deixado transparecer meu medo. "Se você não quiser, não precisa" – ele completou. Eu queria, mas tinha medo; queria, mas tinha medo; queria e queria, e queria; e o querer ganhou. Pensei em todas as oportunidades que, por falta de coragem, já havia perdido e nas horas de lamentações que enfrentaria por não aceitar, afinal é isso o que as pessoas fazem quando deixam passar uma oportunidade. Um "aceeeeiiitooo" foi o suficiente para receber um abraço, e marcarmos um horário de encontro.

Era uma quarta-feira e eu teria apenas dois dias para me preparar. Fui para casa e pensei em não ir mais à faculdade, mesmo perdendo o curso. O que para muitos seria apenas um desafio, para mim era minha vida que estava em jogo. E eu tinha dúvidas de se queria ou não continuar vivendo até sexta-feira. Ao chegar em casa me lembrei de vários líderes da historia que eram gagos, como, por exemplo, o grande Moisés e Demóstenes, um orador que usava duas pedrinhas debaixo da língua. Também tentei esse método, mas não deu certo. Falei no espelho, dentro de uma panela, e nada dava certo. Outra vez sentia raiva de mim mesmo e me peguei pensando, como há muito tempo não pensava, no modo mais egoísta de acabar com o sofrimento. Mas eu já tinha conseguido tantos progressos, só não havia parado de gaguejar; mas estava controlando com frequência e, mesmo quase não falando, havia conseguido respeito e amizades. Toda a minha vida estava em jogo, mas uma transmissão numa porcaria de rádio interna não iria mudar o rumo de minha vida. Era o que eu pensava; mal sabia o que me esperava.

Resiliência é a capacidade de um material voltar à sua forma original. Por exemplo, um elástico volta a se contrair depois de esticado; um travesseiro volta a ficar fofinho depois de uma noite de amassos. Essa capacidade é que define as pessoas de sucesso. Existem pessoas que, quando sofrem amassos da vida, são incapazes de retomar sua forma original. Eu havia passado minha vida voltando à minha forma original, e isso havia aumentado minha resiliência. Desta vez, porém, era um amasso inédito, de marcas profundas, e eu sentia medo de não conseguir voltar à forma original.

Sexta-feira, às sete e meia da manhã, eu cheguei à faculdade. Assim que meu carro apontou no campus da faculdade, avistei o professor à minha espera e pude perceber que não tinha sido um sonho. Ele acompanhou o carro até o estacionamento e abriu a porta assim que parei. Como não havia comentado nada em casa, o abraço do professor substituiu o abraço de meu pai. Devido ao nervosismo todo, não havia nem perguntado onde era o estúdio. Então, acompanhei o professor. Nem ele, nem eu falamos nada, não era necessário. Apenas caminhamos, aproveitando o sol matinal, e após uma volta chegamos a um lugar conhecido. Achei estranho caminhar tanto, havendo alternativas mais fáceis e rápidas, mas acreditei que era para me acalmar. Ao abrir a porta, a tal rádio interna nada mais era que um microfone, uma pequena mesa de som, um fone de ouvido e um aparelho de som. Um breve treinamento foi o suficiente e já era chegada a hora da transmissão. Percebi, nesse momento, a luz vermelha que logo ficaria verde e mudaria minha vida.

Testei os botões. O professor saiu um pouco para eu relaxar. Tive meu primeiro grande encontro com Deus, que, apesar de estar sempre presente em minha vida, eu não reconhecia, pois não o conhecia: fechei os olhos e rezei (ou acho que rezei). Foi quando ouvi o som de uma persiana se abrindo. Sem abrir os olhos, pensei: "como foi que eu não vi a janela?". Abri os olhos e estava de frente para um grande vidro e, do outro lado do vidro, muitos, muitos, muitos alunos. Não sabia calcular quantos, mas parecia uma invasão do exército romano, todos de olhos fixos em mim. Desviei meu olhar para o professor, que inclinou a cabeça de lado como cachorro arrependido. Num instante entendi porque tínhamos caminhado juntos: era para não ver os alunos que estavam em silêncio para não serem percebidos. Tudo combinado. A luz ficou verde: um leve sorriso de meu amigo e professor me dizia, sem palavras: "Vai, esta é tua hora! Fala e muda tua vida!". Caminhou em minha direção, passou ao meu lado e, com um toque no meu ombro, retirou-se. De olhos abertos e pescoços esticados, o exército de romanos esperava. Sem nenhum comando, meus joelhos desta vez agiram de forma contrária: firmes e decididos, eles me levantaram. Com voz firme e alta, falei, e falei, e falei o que não tinha falado em oito anos de silêncio... E, quando parei para respirar, os gritos, aplausos, assovios, bonés, blusas e livros que voavam devolveram-me a vida. "Eu nasci para isso, eu nasci para isso, eu nasci para issooo!" – eu gritava dentro de mim.

Depois de uma manhã alucinante, não conseguia sair do pequeno estúdio: mãos apertavam minha mão, cumprimentos e sorrisos. No corredor a câmera lenta se ativou, mas, desta vez, de forma extremamente agradável, prolongando a sensação de prazer. Refeito e ressuscitado, parecia levitar deitado na minha cama, enquanto revivia minuciosamente cada momento, tentando descobrir o que havia acontecido: por que não tinha gaguejado? Levantei da cama e tentei repetir alguma de minhas falas, mas sempre gaguejando; sabia que a gagueira não iria desaparecer de forma mágica, mas o que tinha acontecido? Depois de algumas tentativas, resolvi colocar, além da fala, a emoção do momento. E deu certo! Bastava colocar um pouco de esforço e subir o tom de voz que a gagueira ficava praticamente eliminada. Descobri que só gaguejo no meu tom natural de voz. Descobri que alterar o tom de voz eliminava a gagueira, pois, de forma simplista, o cérebro reconhece outro tom e não o relaciona com a gagueira, eliminando-a e permitindo maior fluidez na fala.

Depois de alguns dias, já havia cumprido meu papel no capítulo da rádio. Deveria dar lugar a milhares de outros alunos que queriam estar no meu lugar. Talvez eles também estivessem em busca de vida, como eu estava; propus um rodízio de alunos e inscrições para sorteios: as inscrições foram uma verdadeira correria; e a criatividade reinava. Deixei discretamente a liderança da rádio e concluí, cheio de vida, o curso.

Fiz o que aquele professor fez comigo: dei uma oportunidade àqueles que estavam à procura de vida. Nesse momento entendi que a verdadeira função do professor é dar oportunidades, que o conhecimento é para ser socializado e que nada adianta ter capacidades, habilidades ou dons se não houver oportunidades. E, na maioria das vezes, dependemos de alguém para nos mostrar onde elas estão: é aí que o professor mostra sua melhor face, abrindo os caminhos e retirando alguns obstáculos. "Eu quero ser professor" – repetia para mim mesmo – "e poder contribuir para a vida dos que precisarem".

Meu grande AMOR

Estava terminando a faculdade, cheio de planos e projetos, quando, diante de mim, enquanto descia as escadas de meu prédio, toda a beleza do mundo tomou forma de menina-mulher. Liguei a câmera lenta para prolongar sua passagem. Não lembro com que palavras a cumprimentei, mas sei que fui breve, para não gaguejar. Ela não respondeu nem se importou com meu esforço para não gaguejar. Eu não pude tirar os olhos dela e acompanhei seus movimentos até perdê-la de vista. Desta vez minha mente seletiva não apagou esse registro e posso lembrar-me de cada movimento de seu cabelo, de cada respiração, de cada movimento de seus quadris subindo a escada: a harmonia do conjunto era tão perfeita que minha mente só se encheu de poesias de Neruda. Passei aquela noite recitando mentalmente: "Puedo escribir los versos más tristes esta noche, escribir, por ejemplo, la noche está estrellada y ella no está conmigo...".

A proximidade de nossos apartamentos não demorou a proporcionar um novo encontro. Eu e minha inseparável gagueira; ela e sua deslumbrante maria-chiquinha, estilo Pedrita.

Minha respiração ofegante traía a aparente calma que queria mostrar. O primeiro beijo ficou tatuado em meus lábios e, como em um passe de mágica, ela estava linda, vindo em minha direção, trazida pelo seu pai. Bendita câmera lenta que atrasou a chegada dela! Pude ler com clareza seus lábios repetindo as palavras do padre, dizendo o "SIM". Nunca comentei com ninguém, mas, cada vez que enfrentamos dificuldades, posso ver sua boca dizendo sim e busco, em meus lábios, o sabor do primeiro beijo.

Na saída da igreja, alguns amigos e parentes inconvenientes reclamaram que haviam perdido a aposta de que eu gaguejaria nas promessas. Não gaguejei, mas até nesse momento tive de ouvir piadinhas. A felicidade do momento, porém, não me deixou abater.

Em todos os momentos, sejam bons, maus, difíceis ou alegres, ela está presente, sustentando as promessas do matrimônio, renovando, a cada dia, nosso amor, ressuscitando-me de todas as vezes em que morri. É responsável por quatro maravilhosos filhos, pois optou pela profissão mais nobre do mundo, a de ser mãe. Sustentação e equilíbrio de nossa casa, abandonou-se por nós cinco. Eu, por minha vez, acho que tenho sido incapaz de demonstrar todo o meu amor e toda a minha gratidão, mas vou continuar tentando... Afinal, os gagos também amam.

Mercado de trabalho para gagos

Por muito tempo ajudei meus pais na confecção de bonecos de pelúcia. Como a confecção era deles e trabalhar para os pais tem algumas regalias e tolerâncias, podia ocupar minhas manhãs com os estudos e me dedicar livremente às atividades exigidas; basicamente, ajudava a desenvolver novos modelos, o que não exigia muita comunicação, apenas habilidade e criatividade. Infelizmente, isso não é o suficiente para o mercado de trabalho.

Fora do vínculo familiar, iniciei como adestrador de cães. Autodidata, havia lido muito sobre o tema e praticado com meus próprios cachorros. Ressalto, mais uma vez, meu carinho pelos cães e a relação de comunicação, marcante desde que eu era criança, entre eles e eu. Logo fui chamado para trabalhar em uma clínica veterinária e sempre ouvia brincadeiras do tipo: "se os comandos são em gaguês, então os proprietários terão de aprender a gaguejar para que os cachorros obedeçam".

Como as perspectivas de crescimento como adestrador não eram grandes, acabei montando uma academia particular, mas ela não foi muito longe, por falta de recursos financeiros. Outras concorrentes ganharam mais espaço e, antes de perder mais, optei por vender o que tinha e fechar as portas.

Havia decidido ser professor. Mandei currículos para várias escolas e consegui algumas entrevistas, mas sabia exatamente o momento em que havia perdido a oportunidade: bastava um leve gaguejar que o entrevistador mudava de comportamento, jogava o corpo para trás, abria os olhos com força e, geralmente, cruzava os braços; fazia outras duas perguntas sem importância e terminava com uma leve promessa de contato. Demorou um pouco até eu perceber esse padrão de comportamento e sentir que o mercado de trabalho é verdadeiramente cruel. As pessoas se assustam com o novo, preferem manter as coisas como estão, preferem um profissional medíocre, que não provoque alterações, a um profissional que traga novas ideias, capazes de mobilizar as estruturas e, consequentemente, de evidenciar suas incapacidades.

Relutei, mas sentia que o mercado havia se fechado para mim sem sequer me dar uma oportunidade. Embora na própria faculdade nos tivessem advertido sobre os problemas (além dos baixos salários) enfrentados pelos professores de escolas estaduais, o jeito era enfrentá-los. Depois de muitas burocracias e filas de atribuições de aula, nas quais os professores com mais pontos ficavam com as melhores escolas e o resto do resto ficava para os iniciantes, como eu, consegui duas escolas de periferia, uma em cada extremidade da cidade.

Ainda jovem e quase atlético, ia de uma escola à outra correndo e, no caminho, juntavam-se a mim os alunos e formávamos uma pequena multidão. Sentia o próprio Rocky – o lutador. Mas esse era um sonho que morria na sala dos professores, onde o desânimo era geral. Certa vez, um professor me disse, rindo: "quero ver até quando vai durar esse entusiasmo...". Como se tudo já não fosse desanimador o bastante, houve ainda outro que complementou: "até o primeiro pagamento!".

Em momento algum, porém, fui questionado pela minha fala: as fichas e papéis eram sempre mais importantes que as pessoas. Mas, passado algum tempo, houve a primeira reunião pedagógica, que consistia na entrega de todas as fichas e em comer salgadinhos rateados entre os participantes. Um professor mais velho aproveitou a oportunidade para me perguntar, em voz alta, se era verdade que eu era gago. Responder que sim foi o suficiente para ele cair na risada.

Talvez ele só quisesse ser simpático, mas eu estava decidido a não permitir mais ser alvo de piadas, pelo menos não sem minha autorização: bastou que ele me dissesse "meus alunos me contaram e eu não acreditei" para que eu o questionasse se contaram com carinho; tão logo ele me respondeu afirmativamente, retruquei ironicamente: "Que bom! Porque o que eles me contaram de você não tinha nada de carinho". Depois disso, retirei-me da reunião.

No dia seguinte, a sala dos professores congelou com minha chegada. Pensei em não dizer nada, mas não consegui: "para quem quer saber, sou gago sim; e gostaria de pedir desculpas ao professor pela minha reação de ontem". O professor se levantou e apertou minha mão, pedindo-me desculpas. Uma onda de calor começou a descongelar a sala. O sinal tocou e todos nós fomos cumprir nosso dever.

Durante a aula, pela primeira vez, resolvi perguntar aos alunos o que eles achavam da forma com que eu falava. Algumas risadinhas contidas, seguidas de um silêncio, e alguns adjetivos começaram a surgir: legal, engraçado, diferente... "Mas vocês entendem?" – perguntei. Responderam, em coro, que sim. "Atrapalha" – voltei a perguntar. Em coro, novamente, ouvi um não. Tive, então, certeza de que as crianças não se importam e de que agem de forma explícita diante do diferente. Decidi que eu agiria da mesma forma: quando algum deles me imitava, eu prontamente dizia: "obrigado, fulano, por me lembrar de que sou gago, mas poderia ser muito pior...". "Como assim, professor?" – perguntava, interessado, o fulano. "Ora, poderia ser gago e ter sua cara" – respondia. Todos riam e a ameaça era imediatamente neutralizada com bom humor. Isso me aproximava cada vez mais dos alunos, a ponto de que eles mesmos regulavam as brincadeiras, para não perder a amizade conquistada entre alunos e professor. Em mais uma lição que aprendi: a menor distância entre duas pessoas é o bom humor.

Como professor de educação física, podia observar coisas que possivelmente não seriam observadas em sala de aula. O movimento ou a falta dele diz muito a respeito de nossa personalidade, além da afetividade que o professor de educação física pode alcançar com o aluno. Pena que essa afetividade possa hoje ser usada contra o professor por pais que provavelmente não são afetivos, fragilizando a figura do professor, já tão fragilizado por conta das políticas educacionais; todos esses fatos, somados à minha história, de certa forma me empurravam para o estudo do comportamento humano e de sua comunicação. Passei a observar mais detidamente as pessoas, seus padrões de comportamento e influências: era encantador descobrir como as pessoas se atraem ou não. Comecei a ler sobre o assunto, assistir a palestras e fazer cursos. Na maioria das vezes, tudo endossava minhas conclusões ou contribuía para outras. Entendi, assim, que conhecer o homem é a chave de todo sucesso.

Depois de aproximadamente três anos de serviço no estado, eu almejava algo a mais. Eu e minha família nos mudamos para São Paulo. Tive de começar tudo do zero: mandei currículos, fiz muitas entrevistas e constatei que as pessoas não contratam gagos, muito menos para dar aulas. Então tive de recorrer às minhas habilidades manuais para fazer alguns trabalhos artesanais e vendê-los para as lojas. Mas havia nisso uma nova barreira a ser vencida: nunca havia trabalhado com vendas; e vender seu próprio produto é muito mais difícil, pois é como falar bem de si mesmo. Entrava nas lojas repetindo o que ensaiava em casa, mas os clientes prestavam mais atenção em mim do que no produto. Por mais que tentasse chamar atenção para o produto, o cliente só prestava atenção em mim e na minha forma de falar. "Hoje não, não preciso de nada" – a resposta era sempre a mesma. Mais uma vez, minha fala era a causa de meu fracasso. Sentia-me como aquela criança que não queria voltar à escola: não queria voltar para casa de mãos vazias e encontrar minha esposa e filhos; não queria que meus filhos vissem a figura de um derrotado; e não queria encarar minha esposa e dizer que havia fracassado, que mais uma vez havia fracassado. O fracasso foi ainda pior quando um cliente comprou algumas peças só para me ajudar, com transparente pena por meu esforço. Esse gesto me fez aprender que o passado não passa, apenas fica arquivado dentro de nós: as ideias de acabar com tudo de forma egoísta voltaram a me rondar. Só não fiz nada pensando em minha família. Ao chegar à minha casa, o colo de minha esposa e a alegria das crianças me ressuscitavam a cada dia.

Tudo é treino e conhecimento. Li muito sobre vendas e treinei muito diante do espelho. Saía a campo e, como em um laboratório, estudava a reação de cada cliente: onde eu havia errado e qual seria a forma ideal de atraí-lo. Como resultado, consegui os primeiros clientes, que, em pouco tempo, faziam novas compras. Enquanto falávamos de produtos e vendas, a gagueira fidelizava o cliente. Mais uma descoberta: tentar esconder a gagueira só piorava as coisas; melhor ainda, poderia usá-la a meu favor, sem que necessariamente me tornasse motivo de chacota. Minha gagueira poderia ser uma fonte de respeito e superação.

Descobrindo o valor da fé

Quero falar da fé apenas para mostrar como ajudou na minha superação. Não tenho a menor intenção de doutrinar ninguém, por isso serei breve.

Nunca tive orientação religiosa por parte dos meus pais. Mesmo meu casamento religioso não teve, para mim, o sentido que normalmente deveria ter. Minha esposa, por outro lado, sabia muito bem do compromisso que se selava no altar da igreja. Mas nunca tentou me converter. Batizamos nossos filhos e, nos cursinhos, eu fui entendendo algumas das exemplares atitudes de minha esposa, que orientava nossos filhos e os ensinava a rezar. Embora não participasse das orações, de longe eu os admirava.

Em uma noite de angústia, antes de descobrir novas possibilidades de vida, acordamos minha esposa e eu ao mesmo tempo. Sem poder explicar de forma simples, pude sentir a suave e marcante presença de Deus. Não houve qual manifestação externa, apenas pude sentir. Desde então, procurei orientação e comecei a estudar: eu queria explicações sobre a fé, acreditava que ela deveria ser explicada. Pouco a pouco, porém, fui sendo cativado e, algum tempo depois, minha esposa e eu passamos a coordenar um grupo de jovens, a trabalhar em obras sociais e a fazer muitas outras atividades, movidos pela fé.

Mas o mais importante de tudo isso é ressaltar que a fé, se equilibrada, equilibra todas as áreas: nunca mais permiti que pensamentos egoístas voltassem a rondar minha mente; encontrei explicação para várias situações e paciência para suportar outras. Quando amparada pela fé, toda a família passa a ter o mesmo ponto de equilíbrio, os valores éticos e morais, e a vida se torna mais leve. A fé, em si, não muda as situações, mas o modo de as encararmos.

Devo lembrar, contudo, que a fé madura reconhece que Deus faz o impossível quando o homem já fez o possível. Um dos melhores conselhos que dou é "sempre cultive sua fé". Nunca é tarde para começar a cultivá-la, porque Deus é incapaz de deixar de amá-lo e respeitá-lo.

Uma vez que sou professor, tentarei explicar o inexplicável de forma simples (como, aliás, procuro fazer sempre): podemos dividir nossa existência em três campos ou grandezas, que são o Corpo, a Mente e o Espírito. Temos de cuidar delas e cultivá-las, mas nós só o fazemos quando as entendemos e/ou as aceitamos.

Para que possa entender e/ou aceitar, vou mudar as nomenclaturas dos campos ou grandezas: "o que vemos", "o que pensamos" e "o que não vemos", respectivamente. Podemos imaginar nossa própria silhueta recebendo outras duas silhuetas, que se encaixam com exatidão, uma dentro da outra, sem deixar espaços vazios: assim, o Corpo representa "o que vemos"; a Mente, "o que pensamos"; e o Espírito, "o que não vemos". O encaixe dessas silhuetas é de nossa responsabilidade. Quando não damos atenção, total ou parcial, a algumas delas, provocamos deformidades, de modo que os encaixes não ficam perfeitos, deixando grandezas fora de seu devido lugar e espaços vazios entre elas.

• O que vemos, o Corpo: o descuido dessa grandeza tem, como consequência, limitações físicas, doenças e falta de aceitação de nós mesmos. Por outro lado, o cuidado desmedido se esconde atrás da palavra Vaidade, já que esta, em si, deveria trazer apenas benefícios; o descontrole da vaidade nos aprisiona num descontentamento com nossa aparência, provocando distorção da realidade e baixa autoestima.

• O que pensamos, Mente: treinar, ler, estudar, duvidar e solucionar são algumas das formas de manter pensamentos saudáveis e prósperos. Nossa mente se acostuma a viver com aquilo que nós damos a ela, com o que a nutrimos. Então, convido-a a dar uma espiada introspectiva e a se perguntar: "com que estou nutrindo minha mente?"; "estou procurando nutrientes nas fontes corretas?"; "cerco-me de pessoas, lugares e situações nutritivas para minha mente?". Quando não nutrimos nossa mente de forma seleta e adequada, surgem inúmeras consequências que abalam nossa psique. Tome muito cuidado para não agir como elefante de circo, que acostumado, desde pequeno, a ficar preso por uma corda, não descobre que, com o tempo, sua força lhe permite escapar facilmente e, assim, prefere a comodidade da sua zona de conforto e não consegue escapar em busca de novas oportunidades.

• O que não vemos, Espírito: "onde nascem os desejos de superação?"; "onde nasce o amor?"; "para onde se dirigem nossos esforços, se temos a certeza da morte?". Essas e milhares de outras perguntas encontram respostas no campo espiritual. São respostas que dão sentido à vida e aos nossos esforços, mas muitos as rechaçam por não entendê-las ou por não encontrar lógica humana. Não me entenda mal: não falo em aceitação pura e cega, porque essa nos limita, falo da liberdade de estudar, viver e praticar uma espiritualidade sadia, que nos permite viver e conviver com a realidade, entender e superar obstáculos, e não negar, por ignorância, aquilo que não entendemos. Você tem liberdade para encontrar a melhor forma de viver sua espiritualidade, mas tome cuidado para não deformá-la e para não comprometer seus encaixes a ponto de deixar lacunas. Uma manifestação dessas lacunas na vida moderna chama-se depressão... Portanto, lembre-se de que só cuidamos daquilo que entendemos e/ou aceitamos.

Reagente e Reação

Toda essa tempestade de experiências reforçava minha ideia de que ninguém age de forma incoerente. A reação de cada indivíduo está intimamente ligada à sua amplitude de conhecimentos. Vou tentar simplificar: para cada reagente, há uma reação; e cada reação depende de inúmeras influências. Assim, um gago nunca é igual a outro gago; e a reação que as pessoas têm diante de cada gago também nunca é igual, porque está sujeita a inúmeras variações, intimamente ligadas a experiências anteriores e a conhecimento sobre a gagueira.

Se convivemos anteriormente com um gago ou se, de alguma forma, tivemos contato com o assunto, nossa reação será influenciada pelo nosso conhecimento adquirido. Ressalto: ninguém age de forma incoerente. O mesmo vale para os outros casos que necessitam de inclusão na sociedade.

Com essa linha de pensamento, comecei a analisar as reações das pessoas diante do reagente gagueira e observei que aquilo que por muitos anos me causara mal se tornava mais leve, pois podia entender que esta ou aquela reação era provocada por simples desconhecimento das pessoas. Isso me tirava da posição de agredido e me colocava em vantagem pela compreensão da ignorância e dos limites do outro. Vou relatar algumas reações que tenho enfrentado e seus personagens diante da surpresa do diferente:

• O "Risadinha": vê-se tão surpreso com o fato e não encontra arquivos de conhecimentos na sua mente; para não demostrar suas fraquezas e sua ignorância diante do novo – e até como forma de ridicularizar –, prefere dar risada.

• O "Desesperado": diante da gagueira, esse sujeito se desespera: sua respiração fica ofegante, seus olhos parecem pular das órbitas e os braços ficam mexendo-se debaixo para cima, como se tentasse animar e arrancar as palavras. O desespero e a tentativa de ajudar provocam ainda maior ansiedade e aumentam as gaguejadas.

• O "Mecânico": como fazemos com um carro que não liga, dando um tranco para que ele embale, o sujeito mecânico dá tapinhas nas costas ou empurrões no ombro, a fim de ver o gago embalar.

• O "Solícito": cada vez que o gago enrosca, ele imediatamente completa a palavra e, ao perceber que completou errado, começa a tentar adivinhar, metralhando palavras, sem descanso, até ser aprovado pelo gago. Aproveito para ressaltar que o dono da frase tem o direito de terminá-la.

• O "Zen": um ser superior de profundo equilíbrio que se digna dedicar um tempo ao gago. Ele se apoia nos bolsos e seu olhar melancólico transmite a seguinte mensagem: "caro ser inferior, você pode contar com minha benevolência e equilíbrio". Não esboça reação nem atenção.

- O "Sábio": na metade da frase, ele já sabe tudo. Começa a responder ou comentar sem que o gago tenha terminado sua explicação ou pergunta. É capaz de se retirar de uma conversa mesmo antes de finalizá-la, pois supõe que já sabe o desfecho.
- O "Peão": gosta de fazer sucesso "montando" nos outros. Assim que encontra o gago, mesmo à distância, começa uma série de imitações, ridicularizando e constrangendo sem se preocupar com o outro. Para ele, basta que todos o vejam e se divirtam.

Como tenho certeza de que outros gagos podem descrever outras reações, fica, então, a pergunta: "como reagir diante de alguém que gagueja?". Volto a frisar, a resposta a essa questão poderia valer para todos os casos e para todas as pessoas que precisam de inclusão social.

O primeiro passo é sair da ignorância: o conhecimento nos permite reações mais assertivas e equilibradas. Depois, tente colocar-se no lugar do outro: crie empatia, preste atenção de forma interessada, permita-se entrar no ritmo do outro. Não reduza o nível de exigências, mas aceite as diferenças e se lembre de que todos têm limites, pois a limitação é uma condição humana.

Comunicando

Mesmo com bastantes clientes e com a relativa prosperidade no mundo das vendas, sentia necessidade de voltar a retomar projetos e dar novos passos. O *bullying* já não tinha o mesmo impacto em minha vida, pois havia me cercado de pessoas que, com esforço e alguns esclarecimentos de minha parte, conviviam de forma equilibrada com minha gagueira. Embora fosse cômodo continuar na zona de conforto, eu não me sentia no caminho certo: lembrava-me das aulas, da rádio, de minhas superações todas e, diante do meu então presente, concluía que ainda não estava à vontade, satisfeito, realizado; sentia que havia nascido para trabalhar com comunicação e áreas afins e que deveria passar minhas simples experiências para outras pessoas. Não digo que me sentisse um exemplo, mas queria mostrar que é possível ressuscitar das mortes da alma e ser feliz, mesmo com limitações não compreendidas. Percebia, cada vez mais, que seria importante chamar atenção para o fato de que as diferenças e limitações humanas não transpareçem apenas pelo nosso exterior: Portadores de Necessidades Especiais (PNE) conquistavam apoios e incentivos com avanços legislativos, mas o gago, por exemplo, continuava sem respaldo, sofrendo discriminações cruéis. Dificilmente se brinca explicitamente com um deficiente físico, mas, quando se trata de um gago, é comum vermos imitações em piadas de mau gosto, risadinhas, caras e bocas. Enquanto algumas imitações são apenas descritivas, quem imita um gago tende a ridicularizá-lo com comportamentos de quem tem distúrbios mentais. Isso tudo sem falar no preconceito, já comentado, no mercado de trabalho.

Nessa época, minha esposa passou em frente a uma unidade de uma famosa escola de idiomas e leu um anúncio de vagas para professores de espanhol. Chegando à nossa casa, ela me avisou da oportunidade, mas não dei muita atenção: eu não era, afinal, professor de espanhol e acreditava que para ensinar a falar outro idioma seria imprescindível uma boa dicção. Dias depois, porém, ela voltou a comentar, com mais ênfase, o anúncio. Tomei coragem e fui preencher a ficha de inscrição para um treinamento de uma semana, durante a qual somente os que se destacassem seriam contratados. Falei só o necessário, preenchi a ficha e voltei para casa com uma carga que há tempos não sentia: teria de superar mais uma barreira. Parecia-me evidente que estava perdendo tempo: quem iria contratar um gago para dar aulas de espanhol!

Primeiro dia de treinamento: aproximadamente seiscentas pessoas num auditório. Corria um boato de que eram apenas três vagas disponíveis. Tive, mais uma vez, a impressão de que estava perdendo tempo e de que a qualquer momento seria exposto ao ridículo. "Eu não preciso mais passar por isso" – pensava. Mas a possibilidade de voltar a dar aulas e de trabalhar com comunicação era desafiadora... Além do mais, havia passado toda a minha vida vencendo desafios... Não seria este que me derrubaria.

Depois de um primeiro dia só de estudos, no dia seguinte algo me chamou atenção: o número de participantes havia reduzido consideravelmente, quase à metade. Um pouco mais de observação e ficou claro, pelas aparências dos que restavam, que o preconceito empresarial havia eliminado todos os candidatos com traços latinos e indígenas acentuados, sem sequer lhes dar a oportunidade de mostrar suas capacidades. Mas ninguém comentou nada, é claro.

Passado o choque, era hora de se expressar. Cada candidato deveria subir ao palco e falar alguma coisa para que fosse avaliado. Desde a experiência da rádio, na faculdade, era a primeira vez que deveria enfrentar um público, com o agravante de que seria avaliado justamente naquilo que sempre foi meu ponto mais fraco: "a fala". Era visível a capacidade ou incapacidade de alguns candidatos; minha autoestima já não era mais a de uma criança assustada, pois a vida havia me ensinado a ser forte. Mas devo confessar que o passado não passa e que aquela criança assustada voltou e tomou conta de mim: após muitos anos, a câmera lenta ligou e meus joelhos se rebelaram contra mim; a fila andava e minha respiração ficava cada vez mais ofegante; por várias vezes meus joelhos quiseram alcançar o chão; colocando as mãos nos bolsos, apoiava o tronco e, assim, aliviava o peso sobre os joelhos.

O candidato da minha frente subiu ao palco e me deixou abandonado, exposto diante de três degraus que insistiam em balançar. A câmera ficou tão lenta que parecia que iria desligar. "Não desliga, não desliga, não desliga" – repetia comigo, enquanto tinha certeza de que, se desligasse, eu cairia. Os aplausos ao candidato anterior anunciavam minha vez, mas o pântano aos meus pés não permitiam que eles se mexessem. Segui em direção aos degraus de gelatina e, de repente, já estava no palco, com todos me olhando. Elevei o tom de voz e declamei uma poesia: declamei com vida a vida que tinha de recuperar. Ao terminar, a câmera lenta desligou e os joelhos eram submissos ao meu querer. Os aplausos me davam a certeza de que havia ultrapassado aquela fase.

Nos dias seguintes, divididos em pequenos grupos, preparamos e ministramos aulas, acompanhados de um orientador e um avaliador. Acredito que a boa impressão que deixei na primeira apresentação não permitiu que o avaliador atentasse para algumas de minhas falhas. Como resultado de nossos esforços, eu e outros sete candidatos fomos selecionados para começar, de imediato. Estar entre os oito selecionados de um grupo de aproximadamente seiscentos me dava a clareza de que, mais uma vez, havia vencido as barreiras de minhas limitações. Sentia-me mais vivo do que nunca.

Assim que soube que estava aprovado, confessei publicamente que era gago (em espanhol *tartamudo*). A coordenadora da unidade, que estava ao lado do dono da rede de escolas, perdeu o jeito, mas levou na brincadeira. E eu também! Pensava: "serei o único professor gago de espanhol; se os alunos não aprenderem a falar espanhol, pelo menos aprenderão a gaguejar!".

Ministrei aulas nessa escola por cinco anos: sempre consegui bons resultados com meu trabalho e algum destaque entre os professores. Enquanto isso, eu aguardava o próximo desafio, que estava a caminho.

● ● ●

Vida, eu voltei!

Uma grande e conceituada escola de ensino regular ligou para uma das unidades da escola de idiomas e pediu indicação de um professor de espanhol. Devido ao início do Mercosul, o espanhol faria parte da grade curricular da escola. Como eram aulas durante o dia, não atrapalhariam em nada as aulas que eu já tinha.

Confiante por já ministrar aulas de espanhol há algum tempo e por ser indicado de uma escola altamente conceituada, não contava que haveria outros candidatos e que teria de passar por uma aula teste. Mas dei o melhor de mim e fui escolhido. Descrever minha alegria seria impossível, pois, além de estar na elite dos professores, meus filhos teriam oportunidade de estudar nessa escola, onde minha esposa e eu havíamos sonhados em matricular nossos filhos. Lembram-se do capítulo em que tratei da importância da fé? Como disse, Deus manifesta sua presença de forma suave. Minha esposa e eu entendemos que essa oportunidade era uma manifestação divina.

A realidade era totalmente diferente da escola de idiomas: enquanto nesta quem vai quer aprender, na escola regular o aluno tem de ser convencido da importância do idioma. Eles mesmos classificavam o espanhol como a "língua do bandido" e o inglês como a "língua do mocinho": era essa a ideia passada pelos filmes. Tive de ser criativo nas aulas e nos relacionamentos para poder manter a disciplina.

Como resultado de um ano verdadeiramente difícil, fui convidado para ser paraninfo das turmas de formandos do terceiro colegial, o que despertou algum incômodo entre professores que já lecionavam há muito tempo no colégio. Percebi alguns distanciamentos e que as respostas ficaram mais curtas, mas, passado alguns dias, esses sintomas se diluíram e a amizade e os bons relacionamentos falaram mais forte. Tinha, com isso, mais matéria para meus estudos de comunicação e relacionamentos.

Na formatura de colégio tão prestigiado, os pais e convidados tinham uma privilegiada condição social. A diretora e a coordenadora me avisaram, em tom de advertência, de que o discurso do paraninfo era ansiosamente esperado e de que, de certa forma, eu deveria convencer os pais de que todo esforço e investimento haviam valido a pena. Ofereceram-se para me ajudar, como se quisessem direcionar e/ou vigiar o conteúdo do discurso. Algumas vezes deixaram claro que não haveria problemas caso quisesse passar a outro a palavra, mas eu simplesmente não respondi, apenas prometi mostrar com antecedência o discurso escrito. Esperei os convites serem impressos e distribuídos, para garantir que meu nome estaria lá, e só então mostrei o rascunho de meu discurso, que voltou para mim, após um dia, com várias correções e uma infinidade de sugestões. Com um sorriso amarelo, "pedindo-me" que fizesse as correções e voltasse a entregá-lo em dois dias. Obedeci e, depois de muito esforço, consegui uma aprovação inexpressiva, como a de quem espera um carro importado e ganha uma bicicleta. Aquilo que estava no papel não expressava nem de perto os momentos que eu havia vivido com aquelas turmas: eu estava convicto de que havia lhes ensinado espanhol, mas também sabia que havia lhes ensinado a viver e a superar obstáculos; chegamos a um relacionamento saudável entre professor e alunos, cheio de respeito e admiração recíprocos; principalmente, cultivamos amizades que iriam marcar para sempre nossas vidas. E tudo isso não poderia terminar com um discurso direcionado exclusivamente aos pais!

Dia da formatura: fotos, roupas, alegrias e tudo o que permeia esses momentos importantes. O cerimonial configurou as mesas dos "ilustres" convidados. Pela primeira vez falaria a um público tão especial e, novamente desde minha experiência na rádio, ressurgia a certeza de que deveria trabalhar com comunicação. Seria esta a primeira oportunidade real de saber se isso não passava de um sonho. Secretamente, havia preparado outro discurso, inclusive com fundo musical e com uma música para os alunos cantarem comigo. Eles já sabiam a música, pois a haviam aprendido nas aulas de espanhol. Antes de mim falaram os mais importantes, e nenhum dos discursos fugia àquilo que eu diria no meu discurso pronto. Quando me chamaram para falar, decidido a falar "de improviso", anunciei que, apesar de ter um discurso pronto, não o usaria, pois todos os meus colegas já o haviam discursado por mim; adverti que falaria com os alunos: falei, rimos, cantamos e choramos. Quando terminei, os aplausos davam a entender que meu objetivo havia sido atingido. Ao voltar à mesa, uma coordenadora me recriminou por não ter seguido o roteiro, mas eu estava tão feliz que não dei atenção e pensava que, de fato, estava confirmando que tinha capacidade como comunicador e que era isso que queria para minha vida. Os cumprimentos e elogios confirmavam ainda mais minha capacidade; muitos pais fizeram questão de me cumprimentar e meus críticos tiveram de se render aos fatos. Não foi por acaso que, a partir desse dia, todas as atividades do colégio, bem como as reuniões de pais e professores, tinham de ter minha participação. Errei por muitas vezes no começo, mas sempre refletia sobre meus erros e aceitava as críticas construtivas.

Retomei meus estudos sobre comunicação e relações humanas. Fiz cursos e assisti a uma infinidade de palestras e workshops para poder melhorar minha comunicação. Mas não conseguia deixar de gaguejar, exceto quando usava o artifício de falar em tom acima do meu tom normal. Recorrer a esse artifício sempre me causou um desgaste acima do normal, por causa da tensão, mas, nessa época, ainda acreditava em que tinha de esconder por completo as dificuldades de minha fala. Parecia-me ilógico um comunicador ou palestrante gago. Entre acertos e erros, fui aprendendo a arte da comunicação, que, por muitos anos, foi minha pior inimiga e, então, apresentava-me a novas possibilidades.

Professor de elite

No mesmo colégio onde eu ministrava aulas, um professor muito respeitado me perguntou se eu gostaria de dar aulas em uma renomada fundação de São Paulo. Era uma fundação tradicional e centenária, que tinha um renomado colégio e faculdade em um complexo muito bem instalado, com tecnologia de ponta e uma administração e cultura educacionais como nunca antes eu havia visto (faço parte da foto comemorativa do centenário). Era um sonho para qualquer professor. Aceitei o convite e marcamos um encontro no local, para que eu fosse apresentado aos diretores.

No dia e hora marcados, eu estava lá para me encontrar com o professor, mas ele não pôde comparecer. Mesmo assim eu seria recebido pelo então vice-diretor. Eu estava bastante preocupado com minha fala, pois, por experiências anteriores, sabia que, na primeira gaguejada, perderia a oportunidade. Da sala de espera ouvi meu nome sendo chamado de forma gentil e amigável. Esperava encontrar uma pessoa muito mais velha que eu, mas fiquei surpreso ao ver que, embora mais velho, não chegava nem próximo ao que havia imaginado. Sorridente, pediu que eu sentasse e começamos a conversar. Numa determinada altura de nossa conversa, ele me disse que poderia ficar à vontade, inclusive para gaguejar, pois já sabia que eu seria capaz de dar aulas e estava curioso por conhecer um professor de espanhol gago. Em nenhum momento fez qualquer comentário desmerecedor à minha condição; muito pelo contrário, parece que o respeito e a admiração haviam aumentado. Enquanto conversávamos, chegou a diretora, que, por sua vez, se mostrou tão interessada quanto o vice. Percebi, então, que uma boa indicação abre portas e isso me deixou ainda mais interessado em estudar sobre relacionamentos humanos.

Tudo acertado, comecei a dar aulas. Era uma nova realidade: até mesmo a condição social dos alunos lhes permitia outros comportamentos e outras formas de percepção; no caso das exceções, o apoio pedagógico era um grande aliado. Em pouco tempo, já estava adaptado e conquistei a simpatia da maioria dos alunos e professores. Terminei o ano letivo com uma peça teatral montada pelos próprios alunos, toda em espanhol, que foi um verdadeiro sucesso. Nunca escondi ou tentei disfarçar minha fala e, mesmo assim, nunca fui desrespeitado, pelo menos não de forma intencional.

Nessa época, comecei a pensar que, como comunicador, poderia encontrar na minha dificuldade um motivo ou testemunho real de superação e aprendizagem. Reuni estudos de comportamento e os somei à minha experiência para montar meu primeiro curso independente, que se chamava "Liderança e Desenvolvimento Humano". Ele foi disponibilizado primeiro para os alunos e, dependendo do resultado, seria disponibilizado para todos, inclusive com divulgação externa. Ter meu nome aliado a essa fundação era um sonho para mim. O curso foi um sucesso e programamos sua continuidade para o ano seguinte.

No planejamento escolar do novo ano letivo, todos fomos surpreendidos com a mudança de diretoria. Isso sempre mexe com alguns cargos e provoca remanejamentos; apreensivos, limitamos os comentários até analisarmos mais detalhadamente o novo diretor e seus ajudantes. Sempre há aqueles que se negam a aceitar as mudanças e, incomodados, mostram suas insatisfações, principalmente os que tinham convivido mais tempo com a outra diretoria. Eu havia convivido apenas um ano, mas, por conta da aceitação da minha gagueira e do apoio aos meus projetos, tinha um grande carinho e admiração por eles, tanto mais porque me convidaram para trabalhar em uma faculdade em meus dias livres. Confesso, então, que estava muito preocupado com minha situação: não sabia se o novo diretor encararia minha dificuldade de fala como uma oportunidade ou como um empecilho, se continuaria meus projetos ou se eu perderia a oportunidade, construída com todo o meu esforço.

Muito equilibrado, o novo diretor fez questão de conversar pessoal e informalmente com cada professor, ainda durante o planejamento. Para os otimistas, ele agradou muito; para os pessimistas, era tudo uma sondagem das cabeças que iriam rolar. A visão dos pessimistas me assustava, pois havia desenvolvido uma autoestima forte com o passar dos anos e pensava que, se ele quisesse, de fato, cortar alguém, em mim estariam todas as justificativas possíveis: apenas um ano de casa, sem pós-graduação e GAGO. Por algumas vezes desviei o olhar, tentando adiar a conversa, mas o momento chegou.

"Já estou sabendo que suas aulas são um sucesso, professor, e que seus cursos são muito procurados" – ele falou cursos, no plural, e eu deixei passar essa ideia. Continuou: "Sei que uma mudança causa alguns incômodos, mas não se preocupe: continuarei apoiando seu trabalho". Aproveitei o ritmo da conversa para contar do projeto dos cursos e do ponto a que havíamos chegado. Ele me pediu um tempo para se adaptar e disse que conversaríamos sobre o assunto. Entendi o argumento e, enquanto me dirigia à porta, crente de que a conversa estava encerrada, fui novamente chamado: "Não terminamos; falta falarmos de algo que eu considero importante: sua forma de expressão". Ele queria dizer gagueira, mas foi sutil. Fiquei em pé e não respondi nada; a câmera lenta ameaçou ligar, mas um sorriso de sua parte a desligou. Continuou: "Quando soube de sua dificuldade, fiquei surpreso, e gostaria de ressaltar que tenho orgulho de contar com sua ajuda. Nossos alunos são enriquecidos com sua presença". Não consegui responder nada, apenas sorri. Com um balanço de cabeça, ele me autorizou a sair.

Mudanças à vista

Mesmo ministrando aulas de espanhol, sentia-me muito limitado. Havia, na fundação, uma disciplina chamada RIP (Relações Interpessoais), que despertou meu interesse, devido aos meus estudos. Conversei com o professor da disciplina – que, por ter mestrado, lecionava em várias faculdades, sempre com foco no comportamento humano – e lhe pedi permissão para participar de algumas de suas aulas; ele não só permitiu minha participação, como também me convidou para um curso de Programação Neurolinguística (PNL), assunto do qual eu já possuía alguns conhecimentos. Na verdade, já conhecia algumas práticas do PNL, porque elas haviam me auxiliado com minha fala, e sabia que, devido a alguns maus profissionais, o termo PNL estava meio desacreditado.

Fiz o curso (o que acrescentou muito aos meus estudos) e, na sequência, fiz o curso de Pós-graduação em Gestão de Recursos Humanos na própria fundação. Mais tarde, quando o professor de RIP deixou as aulas, pedi para que fossem passadas para mim, o que foi imediatamente aceito. Meu sonho de trabalhar com comportamento e comunicação estava, finalmente, sendo concretizado: programei novos cursos e palestras, estas foram divulgadas e sempre muito concorridas; outras faculdades me convidaram para dar aulas sobre gerenciamento, liderança, comportamento, jogos e dinâmicas, e outros diversos assuntos.

Era um começo e meu nome ainda não despertava grande interesse nas pessoas. Elas geralmente eram atraídas pelo conteúdo do curso ou da palestra. A maioria das palestras era fruto do apelo de colegas, que me levavam às faculdades onde lecionavam. Essas palestras rendiam-me grandes amizades, enquanto os cursos que ministrava na fundação, por outro lado, rendiam-me os valores correspondentes à quantidade de aulas do curso. Meu interesse em divulgar meu trabalho compensaria, em médio prazo, meus esforços: sabia que deveria ser visto, pois o único jeito de conseguir trabalho era demonstrar minhas competências, sobretudo porque, em entrevistas, teria poucas chances de sair empregado. Conseguir trabalho ainda era sempre algo em vista, porque, na época, como não me sentia maduro o suficiente, ainda não pensava em me dedicar unicamente às palestras.

Baseando-me em um programa de televisão, criei um projeto no qual candidatos a uma vaga importante tinham de cumprir provas desafiadoras e criativas: as inscrições foram disputadas pelos alunos da fundação; a maioria dos professores foram envolvidos nas provas e/ou avaliavam os resultados

dos trabalhos; até mesmo os pais se envolveram. O resultado foi um movimento de crescimento pessoal e profissional de todos os envolvidos, principalmente dos ganhadores, que foram convidados a estagiar na fundação. Depois desse projeto, o curso seguinte que ministrei contou com a presença de vários pais convidados e de pessoas que tinham ouvido sobre os resultados do projeto. Pensava que esse era um bom começo para quem havia ficado vários anos calado e escondido em um longo e tenso período de morte. Despertar a curiosidade das pessoas para cursos de desenvolvimento humano e comunicação era sim um bom começo. Eu estava ressuscitando a cada dia. O *bullying* havia ficado apenas dentro de mim.

Como resultado de meus primeiros cursos, editei meu primeiro livro. Todos, principalmente o diretor da fundação, incentivaram-me a escrever um livro. Quando havia colhido e juntado em sequência lógica o material, apareceu uma editora mostrando interesse na publicação. Em pouco tempo, realizei o lançamento de meu primeiro livro: "Que imagem você quer ter?". Com o apoio da fundação, realizei lá o lançamento: era justo e lógico. Os alunos prepararam o coquetel em um dos auditórios destinado para esse fim. Mas um grande temporal assolou São Paulo aquela noite, alagando ruas e impedindo que muitas pessoas chegassem ao lançamento. Isso, porém, não pôde impedir que a suave presença de Deus se manifestasse naquele momento, pois eu continuava com a certeza de que Ele me amava muito.

Cheguei à minha casa acompanhado de minha inseparável amada. À noite, enquanto todos dormiam, eu fazia uma revisão de vida: um turbilhão de emoções me invadia, levando-me tanto aos momentos mais difíceis quanto aos mais alegres. Porque somos humanos, somos capazes de rever momentos de nossas vidas e desfrutar, com a mesma intensidade, das emoções que despertaram. Há pessoas que têm dificuldades em arquivar esses momentos nas pastas certas, no tempo e no espaço, e o equilíbrio do ser humano está intimamente ligado a essa capacidade: é preciso saber que o passado não passa, mas está sempre em nós, de modo que arquivar um momento na pasta "passado" apenas nos permite acessá-lo quando temos a intenção de analisá-lo; da mesma forma, a pasta "futuro" arquiva projetos a serem realizados. Arquivando corretamente, evitamos ficar presos ao passado ou nos frustrar por não termos aquilo que pertence ao futuro. Podemos, também, fazer subpastas, como, por exemplo, de momentos "positivos", "negativos" e "de aprendizagem". Um exercício, aliás, muito bom – que uso desde que tenho consciência desses arquivos – é me projetar dez anos para frente e, decorridos esses anos, analisar a alegria ou os problemas que estou vivendo antes de decidir onde arquivar meu atual momento. Com essa técnica, consegue-se, geralmente, minimizar a dor e equilibrar a alegria, porque sabemos exatamente o que queríamos e o que fizemos para alcançá-lo.

Descobri, assim, que o *bullying*, que por muitas vezes me matou cruelmente, deixando-me apenas continuar respirando, não teve em mim o fim trágico de muitos – para não dizer da maioria. Isso porque aprendi, desde cedo, a arquivar essas emoções de maneira correta. Por isso, é muito importante saber que aprendemos a arquivá-las corretamente quando bem orientados pelas pessoas certas e que há horas em que precisamos ressuscitar e horas em que temos de ajudar outros a ressuscitar. Fecho este capítulo com uma frase de Fernando Pessoa: "Quem não vê bem uma palavra, não vê bem uma alma".

Rádio Web

Cultivo, desde os tempos da fundação, uma amizade-
-irmã com um ser humano ímpar, grande e exemplar professor
de História e Geografia, de cultura inesgotável e sensibilidade
única, Luciano Delarth. Ele tem como *hobby* um programa de
rádio e vive sempre pensando em se profissionalizar, embora
sua locução e seu programa já sejam de um profissionalismo
invejável. Certa vez, ele convidou a mim e a outro professor,
do qual tenho boas e saudáveis lembranças, para fazermos um
programa cujo objetivo seria elevar a autoestima dos ouvintes. Gravamos vinhetas e o nome escolhido foi "Ingredientes
para Vencer", mas o programa foi ao ar por um período muito
curto, pois a rádio passaria por uma reforma estrutural e fun-
cional: aderindo a uma nova tendência, a Rádio Web poderia
ser acessada via computador, de modo que se poderia ouvir e
ver o programa, ao vivo.

Foi feito, então, um novo convite para um novo programa,
que iria ao ar, diariamente, por uma hora. Chamamo-lo, desta
vez, de "Cada Dia Melhor". Estava certo de que a amizade
era um fator marcante para o convite, pois, pensava eu, o que

levaria alguém a convidar um gago para fazer um programa de rádio, no qual a voz é instrumento de excelência? Durante o próprio programa eu brincava e advertia os ouvintes para possíveis falhas, mas, nas ligações recebidas e e-mails enviados por ouvintes, nenhum jamais tocou no assunto. Como a atividade era diária e ao vivo, não pude sustentá-la por muito tempo. Foi uma experiência fantástica e totalmente diferente das anteriores, pois pude perceber que fazer rádio de forma diferente seria extremamente fascinante, mas exigiria tempo e dedicação, que, no momento, eu não poderia dispensar. Um rádio novo, uma proposta nova, um programa novo, um meio novo: tudo novo e, mesmo assim, a audiência era sempre crescente. Sinto por não poder ter dado continuidade.

Fui descobrindo que, quando as pessoas são bem orientadas, o resultado pode ser surpreendente, e que amigos se caracterizam principalmente por saber ouvir. Movido por um ato egoísta, passei, então, a classificar as pessoas entre as que mereciam e as que não mereciam me ouvir. Foi um grande erro de minha parte: supervalorizei meus conhecimentos e queria controlá-los de modo que fossem transmitidos apenas a quem merecesse. Minha autoestima, que por muitos anos me colocou no chão, desta vez me colocava em um pedestal criado por mim, refletindo em minha condição de professor e comunicador. Percebi prontamente meu erro: guardando as devidas proporções, eu me igualava ao professor que dá atenção apenas a um pequeno grupo da sala, sem se importar com os demais. Não me lembrei, quando comecei meu erro, de que meu primeiro ressuscitador foi um professor e de que ele e seu exemplo eram, em grande parte, responsáveis pela minha mudança de vida.

Modifiquei, assim, minha atitude, e hoje brinco com meus amigos, nos cursos e palestras: "cada vez que me virem gaguejar, quer dizer que estou à vontade; se eu não gaguejar, é porque estou falando em tom acima do normal e, como isso requer mais esforço de minha parte, quer dizer que dispenso sua amizade... Mas, como quero a amizade de todos, vou continuar gaguejando e, se você estiver interessado na minha amizade, basta ouvir com paciência que eu o ouvirei e nosso laço de amizade será indissolúvel". Lembre-se de que os amigos se caracterizam principalmente por saber ouvir... É claro que há situações e momentos em que não é possível requerer ou dar a atenção merecida e são esses os momentos exatos para mostrar maturidade, colocar-se no lugar do outro e ver a situação por outro ângulo.

● ● ●

Um papel para cada um

Vivemos numa sociedade em que todo o tempo é pouco: parecemos coelhos, em um mundo que não é o das maravilhas, correndo atrás de cenouras, sem questionar por que ou para quê. Os dias passam tão rápido que não sabemos em que tempo viver. Perdemos o controle por algo que não fizemos e assim nos julgamos incompetentes. Desejamos um futuro inatingível, provocando a sensação de vazio emocional. Agimos com uma normal incoerência social: somos capazes de trabalhar além de nossos limites para conseguir bens materiais, mas não dispomos de tempo para desfrutar deles. Não temos tempo para nossos filhos nem para nós mesmos. E então, só para lembrar, vou recordar alguns papéis sociais, levando em conta algumas mudanças nos padrões da sociedade moderna. Advirto que me refiro ao papel (função), e não ao personagem (representação).

• Pai: sustenta a casa, mostra sem preferências ou tendências a diferença entre certo e errado; soluciona problemas concretos; é equilíbrio entre carinho e firmeza. Apresenta as oportunidades e, principalmente, mostra os limites.

• Mãe: protege, escuta e apoia; encontra soluções emocionais; é a principal responsável pela educação social e, geralmente, também pela religiosa; facilita a comunicação entre todos; ajuda a retirar obstáculos, administra conflitos, mostra limites.

• Filhos: participam da vida familiar, auxiliam os pais, estudam e, na fase adulta, acolhem os pais.

• Escola: socializa, instrumentaliza e contextualiza o conhecimento; mostra novas oportunidades; reforça valores ensinados pelos pais.

Existem, é claro, outras variáveis e situações, mas o importante é que, uma vez definidos os papéis, eles sejam cumpridos de forma comprometida por seus responsáveis.

O *bullying* sempre existiu. Tornou-se fenômeno na sociedade à medida que os papéis sociais foram sendo negligenciados pelos seus responsáveis. Assim, se uma criança não aprende limites em casa, não os terá na escola; se um pai não respeita a esposa, ele ensina seus filhos a não respeitar as mulheres; se as crianças não aprendem o significado da palavra "não" até os quatro anos, terão sérias dificuldades para aceitá-lo durante toda a vida... Esses e outros muitos comportamentos favorecem o fortalecimento do *bullying*.

O problema fica muito mais grave quando distúrbios, como déficit de atenção, hiperatividade e transtorno bipolar, embora notáveis, são negados pelos pais, que preferem culpar a escola pelos comportamentos dos filhos e negligenciar inclusive o tratamento médico. Hoje a escola já não tem os pais como parceiros: é dada a ela a tarefa de cuidar, em poucas horas diárias, de toda a educação das crianças e dos jovens. Por isso sou contra ao termo Educador: ele transmite uma visão social errônea, pois transfere para a escola e, por consequência, para o professor uma função que é dever dos pais.

Uma advertência importante: para caracterizar *bullying*, a ação deve ser intencional e repetitiva. Contudo, no caso do *cyber-bullying*, caracterizado pelo uso da rede mundial de computadores, basta uma única vez para caracterizar o agressor; pior ainda, basta uma única vez para acertar e matar o alvo que, em geral, recorre a três atitudes que já cansamos de ver e ouvir em noticiários: morrer para sempre, morrer e esperar ressuscitar ou agredir de forma inesperada e descontrolada o agressor.

Limites

Aproveito para compartilhar um texto (que traduzi e adaptei do espanhol e está socializado pela internet) que reflete, de forma bem clara, esse turbilhão em que os pais se encontram hoje.

Somos as primeiras gerações de pais decididos a não repetir com os filhos os erros de nossos progenitores, com o esforço de abolirmos os abusos do passado...

Somos os pais mais dedicados e compreensivos; mas, por outro lado, os mais bobos e inseguros que já houve na história.

O grave é que estamos lidando com crianças mais "espertas" do que nós, ousadas e mais "poderosas" do que nunca!

Parece que, em nossa tentativa de sermos os pais que queríamos ser, passamos de um extremo ao outro.

Assim, somos a última geração de filhos que obedeceram a seus pais e a primeira geração de pais que obedecem a seus filhos.

Os últimos que tiveram medo dos pais e os primeiros que temem os filhos.

Os últimos que cresceram sob o mando dos pais e os primeiros que vivem sob o jugo dos filhos.

E, o que é pior... Os últimos que respeitaram os pais e os primeiros que aceitam que os filhos lhes faltem com respeito.

À medida que o permissível substituiu o autoritarismo, os termos das relações familiares mudaram, de forma radical, para o bem e para o mal.

Com efeito, antes se considerava um bom pai aquele cujos filhos se comportavam bem, obedeciam a suas ordens e o tratavam com o devido respeito.

E bons filhos, as crianças que eram formais e veneravam seus pais. Mas, à medida que as fronteiras hierárquicas entre nós e nossos filhos foram desvanecendo-se, hoje, os bons pais são aqueles que conseguem que seus filhos os amem, ainda que pouco os respeitem.

E são os filhos que agora esperam respeito de seus pais: pretendem que respeitem suas ideias, seus gostos, suas preferências e suas formas de agir e viver. Além disso, esperam que, para conquistar esse respeito, os pais os patrocinem no que necessitarem.

Quer dizer: os papéis se inverteram.

Agora são os pais que têm de agradar seus filhos para "ganhá-los", e não o inverso, como no passado.

Isso explica o esforço que fazem tantos pais e mães para serem os melhores amigos e "darem tudo" a seus filhos.

Dizem que os extremos se atraem.

Se o autoritarismo do passado encheu os filhos de medo de seus pais, a debilidade do presente os preenche de medo e menosprezo ao nos verem tão débeis e perdidos como eles.

Os filhos precisam perceber que, durante a infância, estamos à frente de suas vidas, como líderes capazes de assujeitá-los, quando não podemos contê-los, e de guiá-los, enquanto não sabem para onde vão.

É assim que evitaremos que as novas gerações se afoguem no descontrole e no tédio no qual está afundando uma sociedade que parece ir à deriva, sem parâmetros nem destino.

Se o autoritarismo suplanta, o permissível sufoca.

Apenas uma atitude firme e respeitosa lhes permitirá confiar em nossa idoneidade para governar suas vidas, enquanto forem menores, porque vamos à frente liderando-os, e não atrás, carregando-os e rendidos às suas vontades.

Os limites abrigam o indivíduo em amor ilimitado e profundo respeito.

Mônica Monastério
(Madri, Espanha)

Devemos comprar amor!

Fiquei muito incomodado com uma reportagem, exibida na televisão, em que uma "escritora" americana, "especialista" em economia para crianças, apresentava seu último livro, no qual estimulava o pagamento de salário aos filhos por serviços prestados em casa. Ela justificava que, assim, eles aprenderiam desde cedo (a partir dos três anos) o "VALOR DAS COISAS". Não tenho dúvidas de que aprender a administrar o dinheiro é necessário e útil para se tornar um adulto equilibrado e próspero; mas aprender a administrar é diferente de aprender a ganhar.

Há uma diferença significativa entre VALOR e PREÇO: tudo aquilo que pode ser comprado tem preço; tudo o que é vital tem VALOR. Portanto, falar em valor das coisas é um erro, pois coisas têm preço.

Qual será o preço por colocar a roupa suja no cesto? Quanto custa levar seu próprio prato até a pia? E se empenhar nos estudos? Os filhos fazem isso para valorizar o esforço dos pais, para conquistar um sorriso e um abraço da mãe, para receber um beijo barulhento e coceguinhas no pescoço.

Não se trata de impor uma hierarquia nos papéis familiares, mas de entendê-los e assimilá-los, de modo que o respeito e o apreço trafeguem em mão dupla, de pais para filhos e de filhos para pais. O exemplo deve, evidentemente, partir dos adultos: basta trocar um noticiário ou uma novela por um jogo em família, perguntar como foi o dia e escutar atentamente a resposta, ser confessor e confidente fiel... Essas e muitas outras simples atitudes ressaltam o valor da vida. E quem valoriza o presente constrói em bases sólidas o futuro.

Uma pesquisa de opinião, feita por telefone durante longos três minutos, revelou que 71% dos pais e 87% dos filhos aprovaram a ideia de comprar amor. O resultado era óbvio, porque tendemos a optar pelo caminho mais fácil; mas seria preciso considerar que "SE TENTÁSSEMOS COMPRAR AMOR, ELE SUBIRIA DE PREÇO". Como em todo mercado, dependendo do momento, da oferta e da procura, o preço poderia atingir patamares altíssimos ou, pior ainda, seria possível adotarmos uma política de preços baixos e aceitarmos qualquer oferta.

Se tudo que quiséssemos conquistar apenas tivesse preço, nós nos tornaríamos impacientes, com baixa resistência à frustração, capazes de justificar QUALQUER atitude para alcançar nosso objetivo.

Pensando na humanidade em que estamos inseridos, o que está em falta: preço ou valor? O que você deseja tem preço ou valor? Quando buscamos a felicidade em coisas que têm preço, passamos a ser tratados pelo que custamos, não pelo que valemos. Assim somos levados a pensar que não temos valor algum, pensamento que é sintoma ou síndrome da atualidade.

Deixo dois desafios: (1) Faça uma lista de suas dez prioridades atuais, em forma decrescente, e as analise, classificando-as em "preço ou valor"; observe a posição em que se encontram. (2) Confesso que esse requer mais habilidade, mas caso queira arriscar: coloque uma quantia de dinheiro em sua carteira (com notas de baixo e alto valor); peça um copo de água a seu filho e não responda nada se ele reclamar (eu e você reclamaríamos!); quando ele chegar com o copo, receba com alegria e afago e, se der tempo, beba e manifeste como foi bom; antes que ele se retire, encene de forma teatral o pagamento de uma conta, mas não pergunte "quanto é?", apenas ofereça a menor nota (deixando que ele veja que há outras) e esclareça que é pelo serviço prestado. Não se chateie se ele aceitar (eu e você aceitaríamos!); pergunte, enfim, se acha justo o fato e a quantia, seu comportamento, a reação dele etc. Pronto, você acaba de criar um momento de grande valor: aproveite para ouvir e, se for o caso, mudar, sem medo.

Lembre-se de que somos imagem e semelhança de um Deus que se fez homem para nos divinizar, que morreu por amor para nos salvar e dar o devido valor, e que a família é nossa identidade e nosso porto seguro. Agora, ensine tudo isso a seu filho.

Vitória

Definir vitória é muito subjetivo; é um conceito que muda de pessoa para pessoa, de lugar para lugar e de momento para momento. Não espero que você defina minha história como uma história de vitória, mas eu gostaria de apresentá-la como tal, principalmente pela minha resiliência, que me fez ressuscitar por inúmeras vezes, e pelo valor que dou a todas as pessoas que me ajudaram a ressuscitar, pois, por muitas e muitas vezes, isso só foi possível graças a algumas mãos estendidas e a palavras inspiradoras.

Filho de pais separados, com uma profunda ferida como sequela, externalizada em uma cruel gagueira; alvejado por palavras, gestos e armadilhas que ferem, sufocam e matam, lenta e cruelmente, mas essa morte, quando chega, não nos deixa parar de respirar, ainda que tentemos.

Quando tudo parecia acomodado, uma mudança de país traz um novo e cruel desconforto, que me emudeceu por um logo período de oito anos, durante o qual conheci, respirando, a morte. A memória curta e seletiva me presenteia com abismos de ausência de passado; por muitas vezes pensei em atentar contra minha vida, mas o valor da família, alguns poucos amigos e minha esposa, meu grande amor, permitiram-me continuar respirando. A força de tantas mãos me levantou e as palavras me ressuscitaram.

O descobrimento da fé me equilibrou e um professor me transformou. Meus pontos fracos paradoxalmente se tornaram fontes de força. Descobri que coisas simples, como a música que ouvia nas horas de angústia, eram fonte de vida e que esta não é feita de grandes momentos, mas de pequenas atitudes, como continuar cantando, como faz a cigarra, que, ainda que você não aprecie ou não respeite o esforço dela, passa um ano debaixo da terra, preparando seu canto para um único dia.

E foi com respeito ao meu esforço que comecei a ser respeitado, principalmente como professor. Não queria mais morrer; queria viver e viver, e viver com alegria. Não queria que meus filhos tivessem um pai derrotado; não queria que o esforço de minha esposa fosse em vão; queria que meus alunos entendessem que dificuldades e limitações fazem parte da vida e que, no fundo, elas nos fortificam e nos modificam sempre para melhor.

Você e eu somos seres em construção. De vez em quando, passamos por mudanças, mas continuamos construindo dia a dia nossas vidas. Hoje, com profundo orgulho, sou professor e palestrante de Desenvolvimento Humano, Comunicação e Liderança e de alguns outros tópicos nos quais conquistei reconhecimento. Embora quisesse que tudo tivesse sido mais rápido, pude aprender que quebrar paradigmas é um processo lento e, muitas vezes, doloroso. Entendi que as pessoas preferem não se arriscar a sair de sua zona de conforto, que a ignorância de um determinado assunto limita a possibilidade de liberdade intelectual e que ninguém age de forma incoerente. Erramos, portanto, quando nos frustramos, pois talvez estejamos esperando aquilo que o outro é incapaz de realizar. Vitória, vitória, vitória. Eu venci e posso gritar: "BULLYING! EU SOBREVIVI". Uma árvore que tinha tudo para não crescer, para murchar e para nunca dar frutos, está crescendo, firmando seus galhos e produzindo frutos (frutos como: entrevistas em revistas especializadas, programas de rádio e uma infinidade de pessoas transformadas em cursos e palestras). Há ainda muito a caminhar, a aprender, a ensinar, a viver e a cantar, mas não esperem de mim nada além do normal, pois sou altamente limitado e em construção. Ajude-me em minha construção e eu o ajudarei na sua: esse é o segredo da vitória.

Fica a questão: sou um gago comunicador ou um comunicador gago? Tanto faz. Só não me confunda com mais um palestrante motivacional: sou um palestrante motivado que se orgulha de ser PROFESSOR.

Deixo a tradução da música que me deu apoio e que me ensinou a ser resiliente:

Como a cigarra

Tantas vezes me mataram, tantas vezes eu morri, entretanto estou aqui, ressuscitando.

Graças dou à desgraça e à mão com punhal, porque me matou tão mal, e segui cantando.

Cantando ao sol, como a cigarra, depois de um ano embaixo da terra, igual a um sobrevivente que volta da guerra.

Tantas vezes me apagaram, tantas desapareci, a meu próprio enterro fui, sozinho e chorando.

Fiz um nó no meu lenço, mas esqueci depois que não era a única vez e segui cantando.

Cantando ao sol, como a cigarra, depois de um ano embaixo da terra, igual a um sobrevivente que volta da guerra.

Tantas vezes te matarão, tantas ressuscitarás; quantas noites passarás desesperado.

E na hora do naufrágio e da escuridão alguém te resgatará, para ir cantando.

Cantando ao sol, como a cigarra, depois de um ano embaixo da terra, igual a um sobrevivente que volta da guerra.

Titulo original "Como La Cigarra",
de Maria Elena Walsh

Intencional ou não

Quando planejei este livro, queria reservar um capítulo para relatar algumas situações que enfrento na atualidade e que muito lembram o *bullying*. Mas decidi apenas comentar de forma rápida, pois entendi que, às vezes, as atitudes não são intencionais e muito menos maliciosas, embora também agridam, são tão somente pura falta de sensibilidade.

De uma forma geral, após cada palestra ou curso que ministro, vem uma série de propostas para novos eventos. Isso me agrada muito, sobretudo quando acabam concretizando-se. Mas há uma parcela de pessoas que deixa transparecer a vontade de pegar carona no sucesso alheio, sem a menor intenção de crescimento: geralmente se fixam apenas em um único ponto, ficando sempre na superficialidade dos assuntos.

O exemplo mais comum é o da pessoa que se fixa apenas na gagueira e, provavelmente, pensa que, por não ser gago, faria meu trabalho melhor do que eu. Como não presta atenção no conteúdo e na forma de transmissão, é capaz de propor, por exemplo, trabalhos em duplas nos quais ele representaria algum personagem estereotipado, ridicularizado por alguma característica (poderia escolher, por exemplo, representar um fanho), não se importando em constranger quem quer que seja desde que alcance seus objetivos. Essa pessoa se esquece de que, no meu caso, não há representação: meu personagem sou eu, minha narrativa e meu conteúdo constituem minha história de vida. A esses eu respondo com um sorriso sem graça e continuo meu caminho.

Contei esses fatos para deixar claro que o *bullying* pode tomar outras formas e intensidades e para deixar claro que ainda sou alvo de agressões. Também quero advertir que todo sucesso atrai bons e maus olhares, que, embora nem sempre intencionais, são como bala perdida, capaz também de matar. Recorro, então, ao velho ditado: "Nem tudo que reluz é ouro". Portanto, tome cuidado quando atingir algum sucesso: você pode cegar-se com seu próprio brilho ou atrair garimpeiros do sucesso alheio.

Simples

No que se refere ao *bullying*, escrevo minha própria história de forma simples. Não para ser simplista, mas para ser claro. Simples é diferente de simplista: simples é aquele que consegue concentrar-se no essencial sem descuidar do todo; simplista é aquele que se fixa no todo e perde o essencial.

Já há no mercado inúmeros títulos e cartilhas com o tema *bullying*. São materiais sempre muito técnicos e preocupados com o *fenômeno social*; ótimas leituras, sem dúvida, mas, sob meu ponto de vista, esquecem o essencial: o *bullying* atinge sujeitos sempre diferentes, sempre únicos por um ou outro traço de suas subjetividades. Por isso, talvez, os avanços tecnológicos (que, apesar de positivos, nem sempre são garantias de melhores relações humanas) e os vários estudos produzidos sobre o tema não conseguem frear o aumento de casos desse *fenômeno*.

Citando Leonardo Boff, "um ponto de vista nada mais é que a vista de um único ponto". Ainda assim, fico feliz em poder compartilhar meu ponto de vista, que deveria ser somado a outros até conseguirmos caminhar juntos, numa harmonia capaz de evitar que um ser humano seja capaz de agredir seu semelhante.

Tenho o privilégio de ter sobrevivido e, na simplicidade de quem aprende e ensina – como o caipira que não sabe rezar, mas canta: "como eu não sei rezar, só queria mostrar meu olhar, meu olhar, meu olhar... sou caipira, pira pora..." –, de poder mostrar meu simples olhar, quem sabe capaz de transmitir sentidos além das palavras.

Mas muitos não sobrevivem ao *bullying*. Muitas vezes não somos capazes de reconhecê-los, porque "morrem e continuam respirando". Pior ainda, só reconhecemos algumas vítimas, quando em um ato de "evolução social" se tornam agressores com um poder de destruição muito maior, porque vivenciaram a dor do outro.

É possível sobreviver sim, ainda que não sem algumas cicatrizes. O meio que eu encontrei de aliviar algumas delas foi compartilhar com você, leitor, minha experiência, que espero que permaneça simples, não simplista, em cada um, de modo que possa, assim, guardar o essencial.

Subir uma escada requer concentração em um degrau de cada vez. Se você está sendo alvo de *bullying* (ou se, de alguma forma, faz parte dessa situação), não fique parado ou conformado, porque o conformismo também é um sintoma de morte. Pequenos passos são mais fáceis e menos doloridos; se esperar uma mudança grandiosa, quase milagrosa, tenha certeza de que ela não virá. Quando falamos de comportamentos, os processos são lentos até se tornarem hábitos; depois que se tornam hábitos, é bom rezar para que sejam pela prosperidade, porque os hábitos, estes sim, são difíceis de mudar. Se pensar bem, você verá que se torna aquilo que seus hábitos permitem.

Evidentemente, temos de ter uma meta, um ponto de chegada. Mas se nossos pensamentos, olhares e esperanças estiverem fixos no ponto de chegada, deixamos de reconhecer as pequenas vitórias do dia a dia. Essas pequenas vitórias diárias revigoram nossas forças; devemos, portanto, valorizá-las e festejá-las, para continuarmos em busca de nossos objetivos.

Não deixei de ser GAGO: mudei pontos de vista, ajustei alguns objetivos, criei novos hábitos para substituir os velhos. Olhando para cima, consigo ver meu ponto de chegada, mas tudo de que preciso é luz, para ver com clareza o próximo degrau, e energia, para me movimentar e festejar as pequenas grandes conquistas. Não vou mentir: não foi e não é fácil. Precisei e preciso de ajuda diária e de humildade para aceitar com alegria e retribuir com harmonia, segurança e prosperidade.

Para lembrar conceitos e atitudes

"**B**ULLYING é um termo utilizado para descrever atos de violência física ou psicológica, intencionais e repetidos, praticados por um indivíduo (do inglês *bully*, "tiranete" ou "valentão") ou por um grupo de indivíduos com o objetivo de intimidar ou agredir outro indivíduo (ou grupo de indivíduos) incapaz(es) de se defender. Também existem as vítimas/agressoras, ou autores/alvos, que em determinados momentos cometem agressões, porém também são vítimas de assédio escolar pela turma."

*(*Fonte: http://pt.wikipedia.org/wiki/Bullying, 13/06/2010*)*

Tipos de *Bullying*

– **Sexual:** assediar, induzir e/ou abusar.
– **Exclusão social:** ignorar, isolar, excluir.
– **Psicológico:** perseguir, amedrontar, aterrorizar, intimidar, dominar, infernizar, tiranizar, chantagear, manipular.

Causas mais comuns
– Modelos educativos a que foram submetidos.
– Ausência de valores, limites e regras de convivência.
– Punição através da violência (castigo físico e intimidação).
– Exposição à violência (psicoadaptação).
– Registro automático da memória (RAM).

Características do agressor
– Comportamento provocador e de intimidação permanente.
– Modelo agressivo na resolução de conflitos.
– Dificuldade de se colocar no lugar do outro.
– Relacionamento familiar pouco afetivo.
– Tem pouca empatia.

Resultante às vitimas
– São prejudicadas pelas ameaças e agressões.
– Servem de "bode expiatório" para o grupo.
– Não dispõem de recursos ou habilidades para reagir.
– Geralmente são pouco sociáveis e frágeis.
– Têm poucas esperanças de se adequarem ao grupo.
– Não revidam por vergonha ou conformismo.

Quem assiste
– Torna-se inseguro e temeroso.
– Tem medo de tornar-se a "próxima vítima".

Consequências para a vítima
– Baixa autoestima.
– Passividade.
– Transtornos emocionais.
– Problemas psicossomáticos.
– Depressão.
– Tentativa de suicídio.

Consequências para o agressor
– Dificuldades de convivência.
– Atitudes autoritárias e violentas.
– Atitudes delinquentes ou criminosas.

Alguns números e conclusões
– Faixa etária: principalmente de 10 a 15 anos.
– Sexo: principalmente meninos (64%).
– Local: na sala de aula, principalmente.
– 40% de alunos envolvidos em casos de *bullying*.
– 80% dos agressores foram vítimas de agressões dentro de casa.
– 52% dos casos se manifestam em apelidos pejorativos e discriminatórios.
– 50% dos alunos esperam que o professor intervenha.
– 50% das vítimas não informam o ocorrido.
– O número de alvos é sempre maior que o número de agressores.

Identificando a vítima
– Apresenta aspecto contrariado, triste, deprimido ou aflito.
– Falta às aulas com certa frequência.
– Baixo rendimento escolar.

Orientações úteis para a vítima
– Não tentar resolver sozinho.
– Contar para os pais ou outra pessoa em quem confie.
– Pedir apoio e compreensão.
– Pedir para o professor promover debates sobre o assunto.
– Não se sentir culpado.
– Treinar como responder.
– Manter a calma e tentar não demonstrar medo.

Identificando o agressor
– Irritados, impulsivos e intolerantes.
– Lidam mal com as frustrações.
– Têm necessidade de se impor usando a força e a ameaça.
– Envolvem-se em discussões e desentendimentos.
– Pegam pertences dos colegas sem o consentimento deles.
– Exteriorizam autoridade.

Orientações aos pais de agressores
– Não ignore a situação.
– Mantenha a calma.

– Ajude-o a manifestar as insatisfações sem que ele recorra a agressões.
– Não o agrida nem o intimide.
– Demonstre seu amor, mesmo não aprovando o seu comportamento.
– Tente identificar o que pode estar desencadeando o comportamento.
– Entre em contato com a escola e peça ajuda.
– Dê orientações e limites firmes para ajudá-lo a controlar seu comportamento.
– Encoraje-o a pedir desculpas ao colega agredido.
– Realce seus pontos de destaque.
– Elogie-o sempre.

Orientações à escola
– Avisar que a prática de *bullying* não será tolerada. Todos devem estar comprometidos em não praticá-lo.
– Avisar sempre que ocorrer um fato dessa natureza.
– Estimular os estudantes a pesquisar e debater sobre o tema.
– Ouvir o que eles pensam sobre o assunto e aceitar sugestões.
– Estimular os alunos a criar regras de disciplina para suas próprias classes.
– Lidar com a situação de *bullying* diretamente (autores e alvos).
– Os pais devem ser avisados e participar da busca de soluções.
– Valorizar as individualidades e a necessidade de serem respeitados.

Como agir
– Sensibilizar toda a comunidade escolar: responsabilidade partilhada.
– Cada escola deve definir sua própria estratégia.
– Valorização do sentimento de quem sofre *bullying*, sem infantilizar.
– Promover um ambiente escolar seguro e sadio: valorizar a tolerância e o respeito.
– Estimular a amizade, a solidariedade e o companheirismo.
– Ter regras claras contra o *bullying*.
– Orientar os pais sobre como proceder.

Aspectos éticos e legais: ECA
Art. 232: Submeter criança ou adolescente sob sua autoridade, guarda ou vigilância a vexame ou constrangimento.
Pena: 6 meses a 2 anos de detenção.
Menor com menos de 12 anos: Conselho Tutelar chama a atenção dos pais e da criança.
Menor com mais de 12 anos: Juiz opta por advertência ou prestação de serviços à comunidade.

Uma ferramenta muito útil
Um dia você acorda e se pergunta se todo esforço valeu a pena. Você deve ser suficientemente sincero para poder ouvir a resposta que só você pode dar (dificilmente essa pergunta tem

uma única resposta). Para tentar organizar de forma coerente e imparcial esse questionamento, proponho trabalhar com um gráfico que deixará explícitos alguns pontos fortes e fracos de nossos comportamentos. Para deixar clara a situação em que você se encontra hoje, este exercício deverá ser repetido a cada seis meses, sempre com o registro da data. Arquive os gráficos para acompanhar os progressos efetuados. Caso queira manter seus resultados em sigilo, copie o gráfico em uma folha separada. É muito importante usar da sinceridade nas respostas.

- Entendendo o gráfico: uma roda com dez raios, na qual o ponto central tem valor zero e os pontos que formam a circunferência têm valor dez. Todos os dez raios têm o mesmo intervalo: de zero a dez. Deverá ser marcado um ponto na altura em que você avalia que se encontra no momento da execução do exercício. Cada raio é numerado e corresponde a um tema específico (que será descrito). Só depois de ler atentamente cada tema é que deverá ser marcado um ponto no raio correspondente. É importante marcar apenas um ponto em cada raio.

- Primeira fase: se você está pronto para começar, leia com atenção cada descrição e, depois de entender e avaliar sua condição, coloque, no raio correspondente, o ponto na altura em que avaliou. Vá à próxima descrição e continue até o último raio. Seja honesto, sem falsa modéstia: caso ache que pode ter nota máxima em algum item, coloque o ponto na extremidade da roda. Da mesma forma, caso ache que mereça nota mínima em algum item, marque o ponto central. Podemos começar.

1. Conhecimento: Não se trata de quantos conhecimentos você acumula, mas da forma como se relaciona com eles. Procura aprender sempre? Procura sempre um novo ponto de vista? Aceita opiniões diferentes da sua? Quando tem dúvidas sobre algum assunto, procura informações? Gosta de ler regularmente? Assiste a jornais e a programas culturais? Está sempre se atualizando em sua área? Frequenta cursos e palestras? Agora que você entendeu, pode colocar o ponto no raio número um, na altura que avaliar adequada. Seja sincero e continue fazendo o mesmo em todos os raios.

2. Família: Não se prenda a estereótipos nem a moldes familiares. Tome sua família da forma em que se encontra e tente responder. Existe um laço afetivo entre todos? Compartilham bons e maus momentos? Tem sempre com quem contar? Ouve os outros de forma interessada? Pratica gestos simples, como guardar um prato de comida para quem se atrasa, sentar-se para conversar, auxiliar os outros em seus deveres e cumprir com os próprios?

3. Crença: A palavra crença, usada em detrimento de "religião", tem o intuito de não influenciar nem limitar sua interpretação. Você segue todos os preceitos e valores propostos pela sua crença? Conhece-a de forma profunda e racional? Encontra força e equilíbrio nela? Respeita a crença dos outros?

4. Positivismo: Quando tem de enfrentar um problema, ele se torna um desafio ou uma pedra de tropeço? Todo problema tem lado positivo e negativo? As pessoas procuram sua companhia? Quando você chega, o ambiente melhora ou congela? Perde o sono pensando em problemas? Sua mente se fixa no problema ou na solução?

5. Liderança e Comunicação: Não podemos separar liderança de comunicação. As pessoas se sentem atraídas por você? Você consegue persuadir de forma positiva, em busca de objetivos claros? Suas palavras e gestos são claros e bem compreendidos? Costuma ouvir frases como: "se você estivesse lá...", "você fez falta..."? As pessoas confiam em você? Sabe delegar com clareza?

6. Trabalho: De todos os tipos, formal ou informal, em empresas, como autônomo ou até mesmo no lar. Você cumpre com seu papel, exercendo de forma responsável sua função? Cumpre com fidelidade suas tarefas? Tem satisfação em cumprir sua função? Não deixa para amanhã o que pode ser feito hoje? Não deixa para outros realizarem o que é de sua responsabilidade?

7. Marketing Pessoal: Dentro de suas possibilidades, você zela por sua aparência? Quando se olha no espelho, a imagem lhe é agradável? Combina de forma harmoniosa suas roupas? Suas palavras e gestos são seguros e condizentes com sua realidade? Sua barba, seus cabelos, suas unhas e outras regiões estão sempre bem cuidados? Maquiagem e acessórios são propícios e adequados à sua realidade e ao seu ambiente?

8. Saúde: Todos sabem aquilo que compromete ou preserva a saúde. Seus hábitos alimentares são saudáveis? Evita comidas

gordurosas e excessos? Dorme o suficiente para recuperar as forças? Evita os vícios, mesmo os socializados, como bebidas alcoólicas e cigarros? Tem especial cuidado com sua higiene? Tem cuidado com os ambientes que frequenta? Faz exercícios físicos regulares, como caminhadas, natação, ciclismo ou outros? Faz exames preventivos de saúde?

9. Sonhos: Não confunda sonhos com objetivos: dos sonhos nascem os objetivos. Temos direito a sonhar, pois muitos sonhos são capazes de sustentar e justificar a vida. Nossos sonhos devem estar ligados a nossas competências. Seus sonhos são saudáveis? Seus sonhos são capazes de impulsioná-lo para a vida? Seus sonhos são revigorantes ou frustrantes? Você pode transformar um ou alguns de seus sonhos em objetivos?

10. Objetivos: São sonhos com prazo fixo. Para que sejam alcançados, temos de pôr os pés no chão e planejar. Um objetivo bem planejado tem mais chances de ser alcançado, por isso fixe metas, com data marcada, e aja. Mas se tiver de alterar a data, não se frustre. Você planeja seus objetivos? Você comemora as pequenas conquistas em direção aos objetivos? Ao deitar todos os dias, você pode dizer que deu mais um passo (não importa de que tamanho) em direção ao seu objetivo?

Se você seguiu as instruções, neste momento você deve ter um ponto em cada raio, na altura em que você se avaliou em relação a cada tema. Então, siga em frente.

RODA DA VIDA

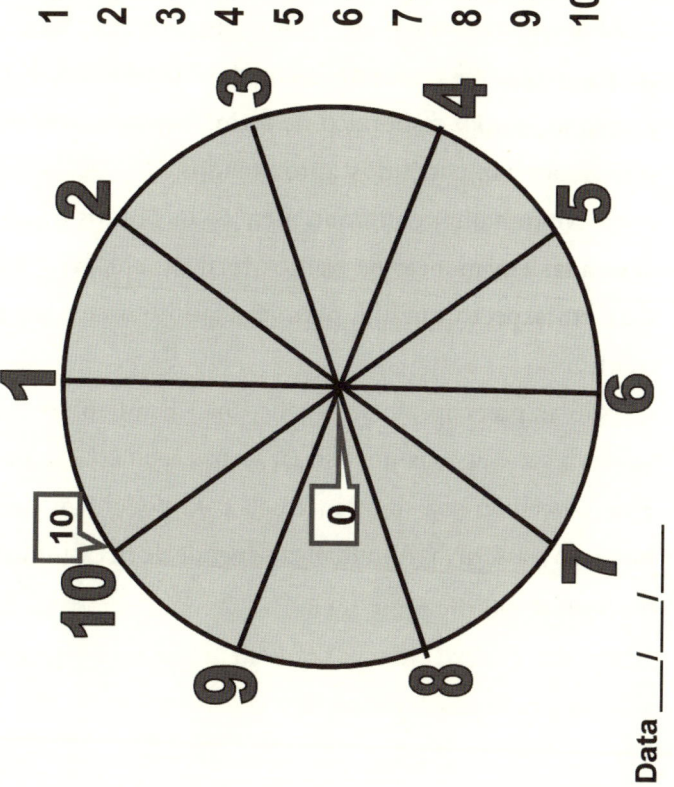

1 - Conhecimento
2 - Família
3 - Crença
4 - Positivismo
5 - Liderança e Comunicação
6 - Trabalho
7 - Marketing Pessoal
8 - Saúde
9 - Sonhos
10 - Objetivos

Data ___/___/___

• Segunda fase: agora que já colocou um ponto em cada raio, você deve unir os pontos na sequência, em ordem crescente do número do raio, como no exemplo. Assim você formará sua própria roda da vida. Se você foi honesto, apague mentalmente a roda externa, fixando-se apenas no seu resultado, e responda às seguintes perguntas:

– Se sua vida andasse em uma bicicleta com essa roda que se formou, seria fácil andar em linha reta? Seria possível manter o equilíbrio?

Se você respondeu de forma positiva, parabéns! Você faz parte dos 4% (valor aproximado) de privilegiados deste país. Mas se você respondeu de forma negativa, não se preocupe: você faz parte dos aproximados 96% da população que deve trabalhar com mais atenção os pontos fracos (sem descuidar em manter os pontos fortes) para dar à roda da vida um aspecto que lhe permita equilibrar-se e seguir em frente.

Não se preocupe se seu gráfico não ficou como você desejava. Essa é apenas uma situação passageira. O importante é ter percebido sua situação atual, para poder agir de forma imediata e assertiva. A mudança depende de sua atitude diante dos resultados.

Terceira fase – Conclusão: Sabemos que os itens dessa roda se complementam: se um falhar, todo o equilíbrio poderá ser afetado. Uma vez montado o gráfico, devemos trabalhar imediatamente na melhora dos itens fracos, pois, se deixarmos que nossas rodas rodem no asfalto da vida sem procurar essa melhora, o atrito desgastará os pontos fortes até conseguir um equilíbrio com base nos pontos mais fracos, como mostra o desenho. Então passaremos a lamentar ter perdido habilidades e competências, sem forças para recuperá-las, geralmente usando frases como: "eu era tão bom nisso e hoje nem me lembro mais..." ou "quando eu era mais jovem...".

RODA DA VIDA

- Meta, a gente busca.
- Caminho, a gente acha.
- Desafio, a gente enfrenta.
- Vida, a gente inventa
- Saudade, a gente mata
- Sonho, a gente realiza

FIGURA ILUSTRATIVA

Mãos à obra: é hora de agir com responsabilidade e comprometimento. Lembre-se de que NÃO HÁ NADA MAIS PERMANENTE QUE UMA DECISÃO PROVISÓRIA e de que AGIR É A ÚNICA FORMA DE TRANSFORMAR.

QUER QUE SEUS SONHOS SE REALIZEM? ACORDE!

http://profclaudioramirez.blogspot.com

Impressão e acabamento
GRÁFICA E EDITORA SANTUÁRIO
Em Sistema CTcP
Rua Pe. Claro Monteiro, 342
Fone 012 3104-2000 / Fax 012 3104-2036
12570-000 Aparecida-SP